もくじ
開隆堂版 英語3年

音声を web サイトよりダウンロードするときのパスワードは『9PHU3』です。

リスニング音声はこちらから聞けるよ！

テストの範囲や学習予定日をかこう！

学習計画
出題範囲	学習予定日
5/14	5/10
テストの日	5/11

JN096320

Bentos Are Interesting! 〜 ディベートをしよう

テストに出る！ ココ が 要点 & チェック！

「〜に…するように頼む[言う]」の文

教 p.7〜p.15

1 ask を使った文

(1)

「〜に…するように頼む」は，〈ask＋人＋to＋動詞の原形〉の形で表す。人と to 以下の部分は人が主語，〈...〉が述語の関係になる。

I asked Emi to clean the room.　　私はエミに部屋を掃除するように頼みました。
人＝主語　　〈to＋動詞の原形〉以下＝述語
　　　　　→この場合，部屋を掃除するのはエミ

Could you ask him to carry that box?　　彼にあの箱を運ぶように頼んでいただけませんか。
人＝主語，代名詞は目的格　　述語
　　　　　→この場合，あの箱を運ぶのは彼

2 tell を使った文

(2)

「〜に…するように言う」は，〈tell＋人＋to＋動詞の原形〉の形で表す。

My teacher told me to write a report.　　私の先生は私にレポートを書くように言いました。
人＝主語　　述語
　　　　→この場合，レポートを書くのは私

Please tell her to call me back tonight.　　彼女に今夜，私に折り返し電話するよう伝えてください。
人＝主語　　述語
　　　　→この場合，電話をするのは彼女

3 want を使った文

(3)(4)

「〜に…してほしいと思う」は，〈want＋人＋to＋動詞の原形〉の形で表す。

I want you to read this email.　　私はあなたにこの電子メールを読んでほしいと思います。
人＝主語　　述語
　　　　→この場合，この電子メールを読むのはあなた

「…するのは〜である」の文

教 p.7〜p.15

4 It is 〜 to ....

(5)

「…するのは〜である」の「…」の部分（主語）が長くなるときは，〈It is 〜 to ....〉の形で表す。
It は仮の主語で，to 以下の内容をさす。

To get up early is easy.

⇩

It is easy to get up early.　　早起きするのはかんたんです。
仮の主語
訳さない
It の内容

5 It is 〜 for ＋ 人 to .... →★(6)(7)

「(人)が[(人)にとって]…するのは〜である」は〈It is 〜 for ＋ 人 to ....〉で表す。

It is difficult for me to read *kanji*.　　私には漢字を読むのは難しいです。
　　　　　　　〜にとって◀ ▶代名詞は目的格に

原因・理由，具体的な内容を表す that

数 p.7〜p.15

6 「…なので〜 / …して〜」の言い方 →★(8)

〈主語＋be 動詞＋感情を表す形容詞〉のあとに〈that＋主語＋動詞〜〉を続けて，感情の原因や理由を表すことができる。文頭にくる主語は「人」になる。

I'm glad that you will come to my house.　　あなたが私の家に来てくれるなんてうれしいです。
　　　　▶感情を表す形容詞　　▶②that 以下も〈主語＋動詞〜〉の形。glad の原因・理由を示す
　▶①主語は人

We were surprised (that) Mai went to New York.　私たちはマイがニューヨークへ行ったので驚きました。
　　　　　　　　that は省略可能◀　　▶surprised の原因・理由を示す

7 「…ということを〜」の言い方 →★(9)(10)

〈主語＋be 動詞＋感情を表す形容詞〉のあとに〈that＋主語＋動詞〜〉を続けて，具体的な内容を表すことができる。文頭にくる主語は「人」になる。

We're sure that you will pass the test.　　私たちはあなたが試験に合格すると確信しています。
　▶①主語は人　　　　▶②that 以下も〈主語＋動詞〜〉の形。sure の具体的な内容を示す

I'm afraid (that) it will rain tomorrow.　　明日雨が降らないか心配です。
　▶①主語は人　　▶that は省略可能　▶②that 以下も〈主語＋動詞〜〉の形。afraid の具体的な内容を示す

☆チェック！　( )に適する語を下の語群から選びなさい。同じ語を何度選んでもよい。

1 □ (1) My mother asked me ( ) make lunch.　　母は私に昼食を作るように頼みました。

2 □ (2) Could you ( ) Jim to come here at six? ジムに 6 時にここへ来るよう伝えていただけませんか。

3 □ (3) Do you want ( ) to teach math?　　あなたは彼女に数学を教えてほしいですか。

□ (4) I want you ( ) play the piano.　　私はあなたにピアノをひいてほしいと思っています。

4 □ (5) ( ) is difficult to write *kanji*.　　漢字を書くのは難しいです。

5 □ (6) It is not easy ( ) me to make a cake. 私にとってケーキを作ることはかんたんではありません。

□ (7) It is important for us ( ) help each other. 私たちにとっておたがいに助け合うことが大切です。

6 □ (8) I'm glad ( ) you wrote me a letter.　　私はあなたが私に手紙を書いてくれてうれしいです。

7 □ (9) ( ) you sure that you will win the game?　　あなたは試合に勝つと確信していますか。

□ (10) He is afraid ( ) he will be late for school.　　彼は学校に遅れないか心配しています。

〔語群： that　are　to　me　tell　it　for　her 〕

テスト対策問題

🎵 リスニング

♪ a01

1 次のようなとき，英語でどのように言いますか。ア～ウの英文を聞いて，適切なものを1つ選び，記号で答えなさい。

(1) 電話で呼び出したい相手(男性)が留守なので，折り返し電話をしてくれるよう伝えてもらいたいとき。 (　　)

(2) 試験に出かける友人を励ましたいとき。 (　　)

2 (1)～(6)は単語の意味を書き，(7)～(10)は日本語を英語にしなさい。

(1) available （　　　　　　） (2) fantastic （　　　　　　）

(3) a variety of （　　　　　　） (4) develop （　　　　　　）

(5) publish （　　　　　　） (6) trust （　　　　　　）

(7) 独自の ＿＿＿＿＿＿ (8) 違った ＿＿＿＿＿＿

(9) 薬 ＿＿＿＿＿＿ (10) (時間を)過ごす ＿＿＿＿＿＿

2 重要単語
(1)-able で終わる形容詞は，名詞のあとに置いてその名詞を修飾することもある。

よく出る 3 次の日本文にあうように，＿＿に適する語を書きなさい。

(1) 買い物に行きませんか。

＿＿＿＿＿ ＿＿＿＿＿ ＿＿＿＿＿ go shopping?

(2) このようにして宿題をしなさい。

Do your homework ＿＿＿＿＿ ＿＿＿＿＿ way.

(3) たとえば，私は日曜日につりに行きます。

＿＿＿＿＿ ＿＿＿＿＿, I go fishing on Sundays.

(4) この木は千年以上生きています。

This tree lives for ＿＿＿＿＿ ＿＿＿＿＿ 1,000 years.

(5) 私は今すぐ自分の部屋を掃除するつもりです。

I will clean my room ＿＿＿＿＿ ＿＿＿＿＿.

(6) 私は1日に少なくとも2時間は勉強します。

I study ＿＿＿＿＿ ＿＿＿＿＿ for two hours a day.

3 重要表現
(1)提案するときの表現。同じような意味の表現に Shall we ～? がある。
(2) way はこの場合「方法・仕方」の意味。

(4)比較を表す表現を使う。

(6) a day は「1日につき」。

4 次の各組の文がほぼ同じ内容を表すように，＿＿に適する語を書きなさい。

(1) { I said to my friend, "Please send me these pictures."
I ＿＿＿＿＿ my friend ＿＿＿＿＿ send me these pictures.

(2) { They said to Yui, "Go to bed early."
They ＿＿＿＿＿ Yui ＿＿＿＿＿ go to bed early.

4 「～に…するように頼む[言う]」

おぼえよう！
〈動詞＋人＋to＋動詞の原形〉でよく使う動詞
　ask(頼む)
　tell(言う)
　want(ほしい)

p.3 答　(1) to　(2) tell　(3) her　(4) to　(5) It　(6) for　(7) to　(8) that　(9) Are　(10) that

5 次の対話文を読んで，あとの問いに答えなさい。

> *Bill:* Cherry blossoms are so beautiful.
>
> *Mao:* Yes. Oh, it's almost noon. Let's eat lunch.
>
> *Bill:* ① I've been waiting for that word.
>
> *Mao:* Here is your *bento*.
>
> *Bill:* Thanks. Did you make ② it?
>
> *Mao:* No. ③ [my mother / make / I / to / *bentos* / for / asked / us].

(1) 下線部①を日本語になおしなさい。

　（　　　　　　　　　　　　　　　　　　　　　　　　　）

(2) 下線部②がさしている言葉を１語で書き抜きなさい。

　＿＿＿＿＿＿＿＿＿

(3) 下線部③が「私は母に私たちのためにお弁当を作ってくれるよう頼みました。」という意味になるように，〔　〕内の語句を並べかえなさい。

　＿＿＿＿＿＿＿＿＿＿＿＿＿＿＿＿＿＿＿＿＿＿＿

6 次の文を（　）内の指示にしたがって書きかえなさい。

(1) To watch TV is fun for me. （It から始まる同じ意味の文に）

　＿＿＿＿＿＿＿＿＿＿＿＿＿＿＿＿＿＿＿＿＿

(2) It is hard for her to write with her left hand.
　（疑問文にして，Yes で答える）

　＿＿＿＿＿＿＿＿＿＿＿＿＿＿＿＿＿＿＿＿＿
　＿　＿＿＿＿＿＿＿＿＿＿＿＿＿＿＿＿＿＿＿

7 次の英文を日本語になおしなさい。

(1) I'm glad that he became a teacher.

　（　　　　　　　　　　　　　　　　　　　　　　　　　）

(2) We are afraid that it will rain tomorrow.

　（　　　　　　　　　　　　　　　　　　　　　　　　　）

8 次の日本文を英語になおしなさい。

(1) 私は彼に私を手伝ってほしいと思っています。

　＿＿＿＿＿＿＿＿＿＿＿＿＿＿＿＿＿＿＿＿＿

(2) 私にとってピアノをひくことはかんたんではありません。（９語で）

　＿＿＿＿＿＿＿＿＿＿＿＿＿＿＿＿＿＿＿＿＿

---

5 本文の理解

(1)現在完了進行形の文。

(2)前に出てきた単数形の名詞をさがす。

(3)〈ask＋人＋to＋動詞の原形〉の文。

6 「（人にとって）…するのは〜である」

ポイント

〈It is 〜（for＋人）to ....〉の文では，It は to 以下をさす。

7 原因・理由・具体的な内容を表す that

ミス注意！
・文全体の主語は人。
・that 以下の時制は文の意味によって変化させる。

8 英作文
(1)「〜してほしいと思う」は want で表す。
(2)〈It is 〜 for — to ....〉の否定文。

テストに出る！
予想問題

PROGRAM 1 ～ Steps 1
Bentos Are Interesting! ～ ディベートをしよう

⏱ 30分

/100点

1 英文を聞いて，内容にあう絵を1つ選び，記号で答えなさい。　🎵 a02　〔5点〕

（　　　）

2 対話を聞いて，チャイムのところに入る適する英文を1つ選び，記号で答えなさい。🎵 a03

ア　Why don't you go fishing?　　イ　Why don't you go shopping then?　〔5点〕

ウ　Let's go fishing.　　エ　Why don't we go shopping then?

（　　　）

3 次の文を（　）内の指示にしたがって書きかえなさい。　　5点×4〔20点〕

(1)　It is important for us to read many books.　（疑問文にして，Yes で答える）

_____
―_____

(2)　Rio said to Mika, "Open the window."　（to を使って同じ内容の1文に）

_____

(3)　The cup was broken. So Mai was sad.　（that を使って8語の1文に）

_____

(4)　I asked him to clean the room.　（下線部が答えの中心となる疑問文に）

_____

4 次の日本文にあうように，＿＿に適する語を書きなさい。　　4点×5〔20点〕

(1)　私は，たとえばお好み焼きやたこ焼きなどのような地元食が好きです。

I like local food, _____ _____ *okonomiyaki* and *takoyaki*.

(2)　医師を呼んでいただけませんか。

Could you _____ a doctor _____ me?

(3)　このかばんは軽いだけではありません。

This bag is _____ _____ light.

(4)　私は高熱があります。

I _____ a high _____.

(5)　あなたは週に何回彼に会いますか。

_____ _____ times do you see him a week?

5 次の英文を読んで，あとの問いに答えなさい。 〔20点〕

Today many countries have ①(develop) their own unique lunch culture. For example, ②〔 is / lunch / Mumbai / for / famous / delivery service / in / India / its 〕. Hot lunches from home are ③(deliver) to schools or workplaces without fail.
④(   ) (   ) (   ) try a local lunch when you travel abroad?
⑤(   ) (   ) you can find a lunch with a different look and taste.

(1) ①，③の（　）内の語を適する形になおしなさい。 3点×2〔6点〕
    ① ＿＿＿＿＿＿＿＿＿　　③ ＿＿＿＿＿＿＿＿＿

(2) 下線部②が「インドのムンバイは昼食の配達サービスで有名です」という意味になるように，〔　〕内の語句を並べかえなさい。 〈5点〉
    ＿＿＿＿＿＿＿＿＿＿＿＿＿＿＿＿＿＿＿＿＿＿＿＿＿＿＿＿

(3) 下線部④が「外国を旅行するとき，地元の昼食を食べてみてはいかがですか。」という意味になるように，（　）に適する語を書きなさい。 〈4点〉
    ＿＿＿＿＿＿＿＿＿　＿＿＿＿＿＿＿＿＿　＿＿＿＿＿＿＿＿＿

(4) 下線部⑤が「私はあなたが異なった見ためと味の昼食に出会えると確信しています。」という意味になるように，（　）に適する語を書きなさい。 〈5点〉
    ＿＿＿＿＿＿＿＿＿　＿＿＿＿＿＿＿＿＿

よく出る 6 〔　〕内の語句を並べかえて，日本文にあう英文を書きなさい。 5点×3〔15点〕
(1) あなたは彼女にそのくつを洗うように頼みましたか。
    〔 you / to / did / her / the shoes / wash / ask 〕?
    ＿＿＿＿＿＿＿＿＿＿＿＿＿＿＿＿＿＿＿＿＿＿＿＿＿＿＿＿

(2) 彼らにとって野球の試合を見ることはわくわくすることです。
    〔 exciting / it / baseball games / is / for / to / them / watch 〕.
    ＿＿＿＿＿＿＿＿＿＿＿＿＿＿＿＿＿＿＿＿＿＿＿＿＿＿＿＿

(3) 私たちは彼が失敗したことに驚きました。 〔 were / that / failed / he / we / surprised 〕.
    ＿＿＿＿＿＿＿＿＿＿＿＿＿＿＿＿＿＿＿＿＿＿＿＿＿＿＿＿

7 次の日本文を英語になおしなさい。 5点×3〔15点〕
(1) 彼はあなたにテニス選手になってほしいと思っています。 （to を使って）
    ＿＿＿＿＿＿＿＿＿＿＿＿＿＿＿＿＿＿＿＿＿＿＿＿＿＿＿＿

(2) あなたにとって泳ぐことはかんたんですか。 （it を使って）
    ＿＿＿＿＿＿＿＿＿＿＿＿＿＿＿＿＿＿＿＿＿＿＿＿＿＿＿＿

やや難 (3) 私は彼が私に彼のかさを貸してくれるだろうと確信しています。 （9語で）
    ＿＿＿＿＿＿＿＿＿＿＿＿＿＿＿＿＿＿＿＿＿＿＿＿＿＿＿＿

PROGRAM 2 〜 Power-Up 1

Good Night. Sleep Tight. 〜 道案内をしよう②

テストに出る！ ココが要点＆チェック！

〈疑問詞＋主語＋動詞〉を含む文

教 p.19〜p.27

1 動詞のあとにくる場合

→★(1)(2)(3)

動詞のあとに〈疑問詞＋主語＋動詞〜〉を含む文が続くことがある(間接疑問(文))。疑問詞以下が前の動詞の目的語になる。

Where did I put my umbrella？ I can't remember.
→ 疑問文の語順
私はかさをどこに置きましたか。私は思い出せません。
⇩
I can't remember where I put my umbrella. 私はかさをどこに置いたか思い出せません。
→ 肯定文の語順〈主語＋動詞〜〉→ where 以下が remember の目的語

Kazu knows when the school festival is held. カズは文化祭がいつ行われるか知っています。
→ 肯定文の語順〈主語＋動詞〜〉→ when 以下が knows の目的語

I don't know who that woman is. 私はあの女性がだれか知りません。
→ 肯定文の語順〈主語＋動詞〉→ who 以下が know の目的語

疑問詞が主語 ←
Who will come to the party？ Yui knows it.
だれがパーティーに来るでしょうか。ユイはそれを知っています。
⇩
疑問詞が主語の場合，語順は疑問文のときとかわらない
Yui knows who will come to the party. ユイはだれがパーティーに来るか知っています。
→ who 以下が knows の目的語

2 〈動詞＋人など〉のあとにくる場合

→★(4)(5)

〈疑問詞＋主語＋動詞〜〉を含む文が〈動詞＋人など〉のあとに続くこともある。このような場合も，疑問詞以下の部分は動詞の目的語になる(動詞のあとに目的語が2つ続く形)。

Where is Mr. Brown？ Can you tell me？
→ 疑問文の語順
ブラウンさんはどこですか。私に教えてくれませんか。
⇩
Can you tell me where Mr. Brown is？ ブラウンさんがどこにいるか私に教えてくれませんか。
目的語①＝人 ← → 肯定文の語順〈主語＋動詞〉＝目的語②

Could you tell me when your birthday is？ あなたの誕生日がいつか私に教えていただけませんか。
目的語①＝人 ← → 肯定文の語順〈主語＋動詞〉＝目的語②

Please tell me what I have to do next. 次に何をしなければならないか私に教えてください。
目的語①＝人 ← → 肯定文の語順〈主語＋動詞〉＝目的語②

→〈疑問詞＋名詞〉の形
Can you tell me what sport you like？ あなたが何のスポーツが好きか私に教えてくれませんか。
目的語①＝人 ← → 肯定文の語順〈主語＋動詞〉＝目的語②

〈主語＋動詞＋人など＋that〜.〉

教 p.19〜p.27

3 接続詞 that

→★(6)(7)(8)(9)

tell や show などの動詞は〈人〉のあとに，〈that＋主語＋動詞〜〉を続けることもできる。that 以下は動詞の２つ目の目的語で「〜ということ」を表す。この that は省略できる。

My teacher tells us (that) English is important.
目的語①＝人
〈(that)＋主語＋動詞〉＝目的語②
省略できる

私の先生は私たちに英語は重要であると言います。

時制の注意点

★that の前の動詞(tell)が過去形になると that 以下の動詞(run)も過去形になる(時制の一致)。
動詞のあとに目的語として〈疑問詞＋主語＋動詞〉が続く文でも同様のことに注意する。

Mr. Ito tells me (that) he runs in the park on Sundays.
現在形　　　　　　　　　　現在形

イトウさんは私に，日曜日に公園で走ると言います。

⇩　　　　　　⇩

Mr. Ito told me (that) he ran in the park on Sundays.
過去形　　　　　　　　　　過去形

イトウさんは私に，日曜日に公園で走ると言いました。

Kazu knows when the school festival is held.
現在形　　　　　　　　　　　　　　現在形

カズは学園祭がいつ開かれるか知っています。

⇩　　　　　　　　⇩

Kazu knew when the school festival was held.
過去形　　　　　　　　　　　　　　過去形

カズは学園祭がいつ開かれるか知っていました。

☆チェック！　日本文にあうように，（　）内から適する語句を選びなさい。

1
- [ ] (1) I know (what did she say / what she said).　私は彼女が何と言ったか知っています。
- [ ] (2) Do you know (where is my dog / where my dog is)?
  あなたは私のイヌがどこにいるか知っていますか。
- [ ] (3) She can't remember (who is that boy / who that boy is).
  彼女はあの少年がだれか思い出せません。

2
- [ ] (4) Tell me (when will he come / when he will come).　彼がいつ来るのか私に教えてください。
- [ ] (5) My sister often tells me (why is dancing fun / why dancing is fun).
  姉はしばしば私になぜ踊ることが楽しいかを言います。

3
- [ ] (6) My father told me that I (have to / had to) help my mother.
  父は私に母を手伝わなければならないと言いました。
- [ ] (7) Did she tell them she (is / was) busy?　彼女は彼らに自分は忙しいと言いましたか。
- [ ] (8) I knew what time he (gets up / got up).　私は彼が何時に起きるか知っていました。
- [ ] (9) She told us who (can /could) swim well.　彼女は私たちにだれがじょうずに泳げるか言いました。

☆チェック！ の答えは次ページ ⇒

テスト対策問題

♪ a04

🎵 リスニング

1 対話と質問を聞いて，その答えとしてあう絵を１つ選び，記号で答えなさい。

ア　イ　ウ　エ　　　　　（　　）

2 (1)〜(6)は単語の意味を書き，(7)〜(10)は日本語を英語にしなさい。

(1) affect 　（　　　　　）　(2) lack 　（　　　　　）

(3) bright 　（　　　　　）　(4) habit 　（　　　　　）

(5) improve 　（　　　　　）　(6) nap 　（　　　　　）

(7) 失う，なくす _____

(8) 集中する _____

(9) 今夜（は） _____

(10) hold の過去分詞形 _____

2　重要単語
(3)反対の意味の語は dark。
(9)「夜」は night。

3 次の日本文にあうように，＿＿＿に適する語を書きなさい。

(1) 私がもっとも気にいっているスポーツはテニスです。

My _____ _____ sport is tennis.

(2) その公園は子どもでいっぱいでした。

The park was _____ _____ children.

(3) 私たちはわかりません。

We have _____ _____ .

(4) [道を教えて礼を言われて]　どういたしまして。気をつけて。

You're _____ . _____ care.

3　重要表現
(1)主語の部分を最上級の表現を使って表す。
(3)否定文ではない形で否定の意味を表す。「考えをもっていない」と考える。
(4)最初の文は，お礼を言われたときに返す表現。

4 例にならい，次の文を（　）内の語句に続けて書き，１文にしなさい。また，できた英文を日本語になおしなさい。

（例）When will the concert start?　(I can't remember)

→ I can't remember when the concert will start.

（私はいつコンサートが始まるか思い出せません。）

(1) Who are those girls?　(I don't know)

_____

(　　　　　　　　　　　　　　　　　　　　　　　　　）

(2) When does he use the car?　(Do you know)

_____

(　　　　　　　　　　　　　　　　　　　　　　　　　）

4　動詞のあとに続く間接疑問

ポイント

間接疑問(文)
・疑問詞のあとは〈主語＋動詞〜〉の形。
・間接疑問があとに続くおもな動詞
know, remember, tell, decide など

(2)間接疑問の主語が三人称単数。動詞の形に注意。

p.9 答　(1) what she said　(2) where my dog is　(3) who that boy is　(4) when he will come
(5) why dancing is fun　(6) had to　(7) was　(8) got up　(9) could

5 次の英文を読んで，あとの問いに答えなさい。

5 本文の理解

> ① People 〔 to / our work / started / good sleep / have / see / how / improves 〕. Some companies have introduced a short nap time early in the afternoon. ② <u>The results tell us (   ) people can work better after a nap.</u> ③ <u>But you (   ) sleep too long!</u>

(1) 下線部①が「人々はよい睡眠がどのように私たちの仕事を改善するかわかり始めました。」という意味になるように，〔　〕内の語句を並べかえなさい。

People ＿＿＿＿＿＿＿＿＿＿＿＿＿＿＿＿＿＿＿＿＿.

(2) 下線部②の（　）に適する語を書きなさい。また，下線部②を日本語になおしなさい。 ＿＿＿＿＿＿＿＿

（　　　　　　　　　　　　　　　　　　　　　　）

(3) 下線部③が「しかし，長く寝すぎるべきではない。」という意味になるように，（　）にあてはまる語を書きなさい。＿＿＿＿＿＿

(1)間接疑問（文）。疑問詞のあとは〈主語＋動詞～〉。

(2)（　）のあとに〈主語＋動詞～〉が続いていることに注意。（　）には接続詞が入ると考えられる。

6 〔　〕内の語句を並べかえて，日本文にあう英文を書きなさい。

(1) 私たちはなぜ一生懸命勉強すべきなのか私に教えてください。
Please 〔 why / study / hard / tell / we / me / should 〕.
Please ＿＿＿＿＿＿＿＿＿＿＿＿＿＿＿＿＿＿＿＿.

(2) 電車が何時に着くか彼に伝えてもらえますか。
〔 tell / what / can / you / him / time / will / the train / arrive 〕?

＿＿＿＿＿＿＿＿＿＿＿＿＿＿＿＿＿＿＿＿＿

(3) あなたはどこの出身か教えていただけますか。
〔 you / me / you / could / tell / are / where / from 〕?

＿＿＿＿＿＿＿＿＿＿＿＿＿＿＿＿＿＿＿＿＿

6 〈動詞＋人など〉のあとに続く間接疑問（文）
・〈動詞＋人など〉のあとに続く間接疑問は，tell, ask, teach, show などの動詞の目的語になる。
(2) what time を1つの疑問詞として考える。

7 次の英文の下線部を過去形にして書きかえなさい。

(1) Saki <u>tells</u> me that her mother is sick.

＿＿＿＿＿＿＿＿＿＿＿＿＿＿＿＿＿＿＿＿＿

(2) I <u>don't know</u> where he lives.

＿＿＿＿＿＿＿＿＿＿＿＿＿＿＿＿＿＿＿＿＿

7 接続詞 that と時制の一致

ミス注意！
that の前の動詞が過去形のとき，that 以下の動詞も過去形になる。（時制の一致）

8 次の日本文を英語になおしなさい。

(1) 私の先生は私に読書（reading books）は重要であると言います。

＿＿＿＿＿＿＿＿＿＿＿＿＿＿＿＿＿＿＿＿＿

(2) 私は彼女が何をほしいか知りませんでした。

＿＿＿＿＿＿＿＿＿＿＿＿＿＿＿＿＿＿＿＿＿

8 英作文
(1)「読書は重要である」が接続詞that(省略可)以下に入る。
(2)間接疑問の文。

テストに出る！
予想問題

PROGRAM 2 〜 Power-Up 1
Good Night. Sleep Tight. 〜 道案内をしよう②

⏱ 30分

/100点

1 英文と質問を聞いて，答えとして適する絵を1つ選び，記号で答えなさい。🎵 a05 〔5点〕

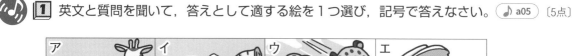

ア　イ　ウ　エ

（　　　）

2 対話と質問を聞いて，その答えとして適するものを1つ選び，記号で答えなさい。🎵 a06

ア　Kenta does.　　　イ　Misa does.　　　〔5点〕

ウ　Liz does.　　　エ　They don't know that.　　　（　　　）

3 各組の文がほぼ同じ内容を表すように，＿＿に適する語を書きなさい。　5点×4〔20点〕

(1) { They don't know what to do.
{ They don't know ＿＿＿＿＿＿ they ＿＿＿＿＿＿ do.

(2) { Could you tell him when to start?
{ Could you tell him ＿＿＿＿＿＿ ＿＿＿＿＿＿ should start?

(3) { She asked me where to go.
{ She asked me ＿＿＿＿＿＿ ＿＿＿＿＿＿ should go.

(4) { He taught us how to use a computer.
{ He taught us ＿＿＿＿＿＿ ＿＿＿＿＿＿ could use a computer.

4 次の日本文にあうように，＿＿に適する語を書きなさい。　3点×6〔18点〕

(1) まだ朝なのにもかかわらず，私は眠いです。

I'm sleepy ＿＿＿＿＿＿ ＿＿＿＿＿＿ it's still morning.

(2) 結果として，私は試合に勝つことができました。

＿＿＿＿＿＿ a ＿＿＿＿＿＿, I could win the game.

(3) 私は昨日テレビを見ていたとき，眠りに落ちてしまいました。

I ＿＿＿＿＿＿ ＿＿＿＿＿＿ while I was watching TV yesterday.

(4) ［電話で］ ジョンと話してもいいですか。

＿＿＿＿＿＿ ＿＿＿＿＿＿ speak to John?

(5) ジョンに私に折り返し電話するよう伝えてもらえますか。

Can you tell John to call ＿＿＿＿＿＿ ＿＿＿＿＿＿?

(6) 私はその時間を補わなければなりません。

I must ＿＿＿＿＿＿ ＿＿＿＿＿＿ ＿＿＿＿＿＿ the time.

5 次の対話文を読んで，あとの問いに答えなさい。　　　　　　　　　　〔22点〕

> *Ms. Miller:*　When you are tired, you need a good sleep.
> *Ken:*　A "good" sleep? ①Please [what / I / tell / do /me / should].
> *Ms. Miller:*　You should take a bath 90 minutes before ②(　go　) to bed. Then your
> 　　　　　　body temperature will be just right when you sleep.
> *Ken:*　③Do you do it every day?
> *Ms. Miller:*　Yes, so I'm always full of energy.
> *Ken:*　I see. I'll try it tonight.

(1)　下線部①の〔　〕内の語を並べかえて意味の通る英文にし，できた英文を日本語になおしなさい。　　　　　　　　　　6点×2〈12点〉

　　Please _____ .
　　(　　　　　　　　　　　　　　　　　　　　　　　　　　　)

(2)　②の(　)内の語を適する形にしなさい。　　　　　　　　　　〈5点〉

　　_____

(3)　下線部③を it の内容を明らかにして，日本語になおしなさい。　　〈5点〉
　　(　　　　　　　　　　　　　　　　　　　　　　　　　　　)

6 〔　〕内の語を並べかえて，日本文にあう英文を書きなさい。　　5点×3〔15点〕

(1)　あなたはあれがだれの家か知っていますか。
　　[you / that / whose / do / house / is / know]?

　　_____

(2)　私たちは彼女に何が起こったのか知っています。
　　[what / her / know / happens / happened / we / to].　(1 語不要)

　　_____

(3)　彼は彼の父が病気であると私に言いました。
　　[was / is / father / he / me / that / told / his / sick].　(1 語不要)

　　_____

7 次の日本文を英語になおしなさい。　　　　　　　　　　5点×3〔15点〕

(1)　トム(Tom)はおかあさんにその本はおもしろい(interesting)と言いました。(thatを使って)

　　_____

(2)　私は彼女にどこに住んでいるのかたずねました。

　　_____

(3)　あなたは彼女がいつ出発するか知っていますか。　(leave を使って)

　　_____

A Hot Sport Today 〜 記者会見を開こう

テストに出る！ ココが要点＆チェック！

〈主語＋動詞＋目的語＋補語（名詞／形容詞）〉 　　教 p.29〜p.37

1 「〜を…と呼ぶ［名づける］」 　　　　　　　チェック (1)(2)

「〜を…と呼ぶ［名づける］」は〈call[name]＋〜（人など）＋…（名詞）〉の形で表す。call[name] のあとに代名詞がくるときは目的格にする。

補語が名詞

My friends call me Alex. 　　　　　　私の友人は私をアレックスと呼びます。
「〜と呼ぶ」◀ ▶目的語 ▶補語（名詞）
　　　　　　　　目的語（me）＝補語（Alex）の関係

We named the dog Kuro. 　　　　　　私たちはそのイヌをクロと名づけました。
「〜と名づける」◀ ▶目的語 ▶補語（名詞）
　　　　　　　　目的語（the dog）＝補語（Kuro）の関係

― 補語について ―

補語…主語または目的語に説明を加える働きをする語。補語になれるのは名詞・形容詞のみ。

She is Karen. 　　　　　彼女はカレンです。
主語 ▶補語…名詞　she＝Karen の関係

The book is interesting. 　　その本はおもしろいです。
主語 ▶補語…形容詞　the book＝interesting の関係

2 「〜を…（の状態）にする」 　　　　　　　チェック (3)(4)

「〜を…（の状態）にする」は〈make＋〜（人など）＋…（形容詞）〉の形で表す。keep や leave も同じ形で使うことができる。

補語が形容詞

The warm weather makes me sleepy. 　　　　暖かい天気は私を眠くします。
「〜を…（の状態）にする」◀ ▶目的語 ▶補語（形容詞）
　　　　　　　　　　me＝sleepy の関係

My father always keeps the living room clean. 　私の父はいつも居間をきれいに
「〜を…（の状態）にしておく」◀ ▶目的語 ▶補語（形容詞）　　　しておきます。
　　　　　　　　　the living room＝clean の関係

You mustn't leave the doors open. 　あなたはドアを開けたままにしておいてはいけません。
「〜を…のままにしておく」◀ ▶目的語 ▶補語（形容詞）
　　　　　　　the doors＝open の関係

〈主語＋動詞＋目的語＋動詞の原形〉　教 p.29〜p.37

3 「〜が…するのを許す」「〜に…させてやる」 ★(5)(6)

「〜が…するのを許す［〜に…させてやる］」は〈主語＋let＋人など＋動詞の原形〉の形で表す。このとき、「人など」と「動詞の原形」は主語と述語の関係になる。

Our teacher **let** me **go** to school by bike.　先生は私が自転車で学校に行くことを許しました。
　　　　「許した」◀　　▶目的語　▶動詞の原形
　　　　　　　　　　　　　　　　　me と go は主語と述語の関係

Let me **know** your name.　　　　　　私にあなたの名前を知らせてください。
▶「させて」　　▶目的語　　▶動詞の原形
　　　　　　　　　　　　me と know は主語と述語の関係

4 「〜に…させる」 ★(7)(8)

「〜に…させる」と言うときは、〈主語＋make＋人など＋動詞の原形〉の形で表す。

My father **makes** us **clean** the bathroom.　父は私たちに浴室を掃除させます。
　　　　「させる」◀　　目的語　　　▶動詞の原形
　　　　　　　　　　　　　　　　us と clean は主語と述語の関係

Teru often **makes** me **laugh**.　　　　　テルはしばしば私を笑わせます。
　　　　「させる」◀　　目的語◀　　▶動詞の原形
　　　　　　　　　　　　　　　me と laugh は主語と述語の関係

5 「〜が…するのを手伝う」 ★(9)

「〜が…するのを手伝う」と言うときは、〈主語＋help＋人など＋動詞の原形〉の形で表す。

Mayu **helped** her brother **cook** dinner.　マユは兄が夕食を作るのを手伝いました。
　　　「手伝う」◀　　目的語◀　　▶動詞の原形
　　　　　　　　　　　　　　her brother と cook は主語と述語の関係

I'll **help** you **do** your homework.　　　私はあなたが宿題をするのを手伝うつもりです。
「手伝う」◀　　目的語◀　　▶動詞の原形
　　　　　　　　　　　you と do は主語と述語の関係

☆チェック！　日本文にあうように、（　）内から適する語句を選びなさい。

1
□ (1) He calls (his dog Kuron / Kuron his dog).　　彼は彼のイヌをクロンと呼びます。
□ (2) Did she name (her son Ken / Ken her son)?　　彼女は彼女の息子をケンと名づけましたか。

2
□ (3) The letter made (me happy / I happy).　　その手紙は私を幸せにしました。
□ (4) My teacher keeps the doors (open / opening).　私の先生はドアを開けたままにしています。

3
□ (5) My sister let me (read / to read) her books.　姉は私が彼女の本を読むのを許しました。
□ (6) Let me (see / seeing) the camera.　　そのカメラを私に見せてください。

4
□ (7) Ana's father made (she / her) go there.　　アナの父は彼女をそこへ行かせました。
□ (8) Will you make (his / him) carry the bag?　あなたは彼にそのかばんを運ばせるつもりですか。

5
□ (9) She helps her father (wash / washes) the car.　彼女は父親が車を洗うのを手伝います。

テスト対策問題

リスニング

♪ a07

1 (1), (2)のア〜ウの英文を聞き，絵の内容にあうものを1つずつ選び，記号で答えなさい。

(1)　　　　　　　　　　　　　　　　　　(2)

(　　　)　　　　　　　　　　　　　　(　　　)

2 (1)〜(4)は単語の意味を書き，(5)〜(8)は日本語を英語にしなさい。

(1)　wind　　（　　　　　　）　　(2)　create　　（　　　　　　）

(3)　especially（　　　　　　）　　(4)　luck　　（　　　　　　）

(5)　draw の過去形 ＿＿＿＿＿＿　　(6)　choose の過去形 ＿＿＿＿＿＿

(7)　力　　　＿＿＿＿＿＿　　(8)　怒った　　＿＿＿＿＿＿

2 重要単語

(4)形容詞は lucky。
(5)(6)それぞれの意味は「描く」（線で描く）と「選ぶ」。

3 次の日本文にあうように，＿＿に適する語を書きなさい。

(1)　実際は，彼は試合に勝ちました。

　　＿＿＿＿＿＿＿ ＿＿＿＿＿＿＿, he won the game.

(2)　その女性は着飾ってパーティーに行きました。

　　The woman ＿＿＿＿＿＿ ＿＿＿＿＿＿ and went to the party.

(3)　私たちは今週の金曜日までに宿題を提出しなくてはなりません。

　　We have to ＿＿＿＿＿＿＿ ＿＿＿＿＿＿ our homework by this Friday.

3 重要表現

(3) hand は動詞で「手渡す」の意味がある。また, by は「〜までに」と動作の完了時点（期限）を表し, until は「〜まで（ずっと）」と動作がある時点まで続くことを表すことに注意。

4 〔　〕内の語句を並べかえて，日本文にあう英文を書きなさい。

(1)　彼女は私をタクと呼びました。〔 me / she / called / Taku 〕.

　　＿＿＿＿＿＿＿＿＿＿＿＿＿＿＿＿＿

(2)　彼らは彼らの赤ちゃんをマイク(Mike)と名づけました。
　　〔 Mike / named / they / their / baby 〕.

　　＿＿＿＿＿＿＿＿＿＿＿＿＿＿＿＿＿

(3)　あなたのおかあさんはあなたを何と呼びますか。
　　〔 your / you / what / call / does / mother 〕?

　　＿＿＿＿＿＿＿＿＿＿＿＿＿＿＿＿＿

(4)　あなたはなぜそのネコをミルクと名づけたのですか。
　　〔 did / the cat / why / Milk / name / you 〕?

　　＿＿＿＿＿＿＿＿＿＿＿＿＿＿＿＿＿

4 「〜を…と呼ぶ[名づける]」

ポイント

〈call＋人など＋ …〉
〈name＋人など＋ …〉
・「人など」＝「…」の関係。
・call，name のあとに代名詞がくるときは，目的格にする。

(3)(4)疑問詞のあとに一般動詞の疑問文を続ける。

p.15 答 　(1) his dog Kuron　(2) her son Ken　(3) me happy　(4) open　(5) read　(6) see　(7) her　(8) him　(9) wash

5 次の対話文を読んで，あとの問いに答えなさい。

Mao: ① Basketball was born in the U.S., (　　　　) (　　　　)?
Daniel: Yes. In the U.S., ② some people call it the king of sports.
③ [only / the games / also / enjoy / not / people / but / the half-time shows].
Mao: I want to watch an NBA game in the U.S. someday!

(1) 下線部①が「バスケットボールはアメリカ合衆国で生まれたのですよね。」という意味になるように，（　）に適する語を書きなさい。
_____ _____

(2) 下線部②を it の内容を明らかにして日本語になおしなさい。
(　　　　　　　　　　　　　　　　　　　　　　　　　　　　　　　　　　　　)

(3) 下線部③が「人々は試合ばかりでなく，ハーフタイムショーも楽しみます。」という意味になるように，[　]内の語句を並べかえなさい。
_____

6 各組の文がほぼ同じ内容を表すように，____に適する語を書きなさい。

(1) { When I read books, I am sleepy.
Reading books _____ _____ sleepy. }

(2) { The car is kept clean by my father.
My father _____ the car _____. }

(3) { Don't close the window.
Leave the window _____. }

7 次の文の（　）内の語句のうち，適するものを〇で囲みなさい。
(1) His mother made Ken (go / to go) alone.
(2) Their parents let (them swim / swim them) in the river.
(3) I'll make (he / him) call you later.
(4) We help our mother (cook / cooking) dinner.
(5) (Who / Why) made you wash the car?

8 次の日本文を英語になおしなさい。
(1) あなたの笑顔(smile)が私たちを幸せにします。（5語で）
_____

(2) あなたの友人たちはあなたをミオ(Mio)と呼びますか。（6語で）
_____

---

5 本文の理解

(1)前が be 動詞，過去の肯定文なので，「～ですよね」は〈be 動詞の過去の否定の短縮形＋主語を受ける代名詞?〉で表す。

6 「～を…(の状態)にする」

ポイント

〈make＋～（人など）＋…(形容詞)〉
「～を…(の状態)にする」
・「人など」＝「…」の関係。

(3)「窓を開けたままにしておいてください」と考える。

7 〈主語＋動詞＋目的語＋動詞の原形〉

おぼえよう!

・〈let＋人など＋動詞の原形〉⇒「～が…するのを許す」
・〈make＋人など＋動詞の原形〉⇒「～に…させる」
・〈help＋人など＋動詞の原形〉⇒「～が…するのを手伝う」

8 英作文
(1)主語は三人称単数。
(2)〈call＋人など＋…〉を疑問文の形で。

PROGRAM 3 〜 Our Project 7
A Hot Sport Today 〜 記者会見を開こう

テストに出る！　予想問題　⏱30分　/100点

1 英文と質問を聞いて，答えとして適する絵を１つ選び，記号で答えなさい。　♪a08　〔4点〕

ア　イ　ウ　エ　（　　）

2 対話と質問を聞いて，その答えとして適するものを１つ選び，記号で答えなさい。　♪a09　〔4点〕

ア　It's a nice *kimono*.　　イ　She often wears *yukata*.
ウ　It's made in Japan.　　エ　She often wears it in summer.　（　　）

3 各組の文がほぼ同じ内容を表すように，＿＿に適する語を書きなさい。　4点×4〔16点〕

(1) { He is called "Leader."
　　We ＿＿＿＿＿ ＿＿＿＿＿ "Leader."

(2) { When I listened to the song, I was happy.
　　Listening to the song ＿＿＿＿＿ ＿＿＿＿＿ happy.

(3) { Why are you sad?
　　What's ＿＿＿＿＿ you sad?

(4) { My mother said to me, "Do that work."
　　My mother made ＿＿＿＿＿ ＿＿＿＿＿ that work.

4 次の日本文にあうように，＿＿に適する語を書きなさい。　4点×6〔24点〕

(1) あなたが会いに来てくれてうれしいです。
I'm happy ＿＿＿＿＿ you came to see me.

(2) 私は数学が得意ではありません。
I'm not ＿＿＿＿＿ ＿＿＿＿＿ math.

(3) ご存じのように，彼女は７月に長崎に引っ越します。
＿＿＿＿＿ ＿＿＿＿＿ ＿＿＿＿＿, she is going to move to Nagasaki in July.

(4) 少しのあいだ休みませんか。
Shall we ＿＿＿＿＿ ＿＿＿＿＿ *for a while?　* for a while：少しのあいだ

(5) フランス語を話すのは難しいです。
＿＿＿＿＿ ＿＿＿＿＿ ＿＿＿＿＿ to speak French.

(6) 幸運を祈ってください。
＿＿＿＿＿ ＿＿＿＿＿ ＿＿＿＿＿!

5 次のメールを読んで，あとの問いに答えなさい。　〔22点〕

> How is your life in Canada? Thanks for ①(send) me the comic book.
> ②〔 lot / made / it / laugh / me / a 〕.
> I went to ③(see) a professional basketball game yesterday. It was amazing.
> ④The arena was (　　　)(　　　) fans, and sometimes they got very excited.
> ⑤I didn't know basketball was so popular here in Japan.

(1) ①，③の（　）内の語を適する形にしなさい。ただし，形がかわらないこともある。
　　①＿＿＿＿＿＿＿＿　　③＿＿＿＿＿＿＿＿　　　3点×2〈6点〉

(2) 下線部②が「それは私を大いに笑わせました。」という意味になるように，〔　〕内の語を並べかえなさい。　〈5点〉
＿＿＿＿＿＿＿＿＿＿＿＿＿＿＿＿＿＿＿＿＿＿

(3) 下線部④が「競技場はファンでいっぱいでした」という意味になるように，（　）に適する語を書きなさい。　〈4点〉
＿＿＿＿＿＿＿　＿＿＿＿＿＿＿

(4) 下線部⑤を日本語になおしなさい。　〈7点〉
（　　　　　　　　　　　　　　　　　　　　　　　　）

6 〔　〕内の語句を並べかえて，日本文にあう英文を書きなさい。　5点×3〔15点〕
(1) そのニュースは彼女をとても悲しくさせました。
〔 sad / her / the news / made / very 〕.
＿＿＿＿＿＿＿＿＿＿＿＿＿＿＿＿＿＿＿＿＿＿

(2) 私のことを小さい女の子と呼ばないでください。
〔 call / a / me / don't / little / girl 〕.
＿＿＿＿＿＿＿＿＿＿＿＿＿＿＿＿＿＿＿＿＿＿

(3) 私の父は私をその川で泳がせてくれませんでした。（1語補う）
〔 father / in / swim / let / my / didn't / the river 〕.
＿＿＿＿＿＿＿＿＿＿＿＿＿＿＿＿＿＿＿＿＿＿

7 次の日本文を英語になおしなさい。　5点×3〔15点〕
(1) 私は彼が新しい家を建てるのを手伝うつもりです。（will を使って）
＿＿＿＿＿＿＿＿＿＿＿＿＿＿＿＿＿＿＿＿＿＿

(2) 彼はその歌で有名になりました。（The song を主語にして）
＿＿＿＿＿＿＿＿＿＿＿＿＿＿＿＿＿＿＿＿＿＿

(3) 彼は彼の妹を泣かせました。
＿＿＿＿＿＿＿＿＿＿＿＿＿＿＿＿＿＿＿＿＿＿

Faithful Elephants 〜 不良品を交換しよう

テストに出る！ ココが要点&チェック！

接続詞 if

 教 p.44〜p.50

1 注意すべき if の使い方 ➡★(1)

「もし〜ならば…」と条件を表すときは if〜，…. の形で表す。if〜の文中では，未来のことを表す場合でも動詞は現在形を使用する。

▶文頭 ▶未来のことでも現在形 ▶未来
If bombs **hit** the zoo, dangerous animals **will** get away and harm people.
└▶「もし〜ならば」 └▶if が文頭の場合…（カンマ）が必要，後半にくる場合…カンマは不要

もし爆弾が動物園に打撃を与えたら，危険な動物たちは逃げ出し，人々を傷つけるでしょう。

so 〜 that ...と too 〜 for ― to ...

 教 p.44〜p.50

2 「あまりにも〜なので…」 ➡★(2)

「あまりにも〜なので…」は so 〜 that ...の形で表す。〜には形容詞や副詞が入り，that のあとには〈主語＋動詞〉の文を続ける。

that 以下の理由・原因を表す語◀ ▶that 以下は〈主語＋動詞〉の文
John was **so** clever **that** he ate only the good potatoes.
└▶「あまりにも〜なので…」 ジョンはあまりにも賢かったので，よいジャガイモだけを食べました。

3 「―にとって，あまりにも〜すぎて…できない」 ➡★(3)(4)

「―にとって，あまりにも〜すぎて…できない」は too 〜 for ― to ...の形で表す。

to 以下の理由・原因を表す語◀ ▶for 〜は to 以下の主語 ▶〈to＋動詞の原形〉の形
John's skin was **too** hard **for** the needles **to go** through.
└▶「―にとってあまりにも〜すぎて…できない」

ジョンの皮ふは注射針にとってあまりにも固すぎて貫通できませんでした。

┌─ too 〜 to ...の文 ─┐
▶文の主語と to 以下の動作を行う人やものが同一のときは for ―「〜にとって」を置く必要はない。
The elephant keeper became **too** sad **to see** the elephants.
└▶to see の主語 「あまりにも〜すぎて…できない」
ゾウの飼育員はあまりにも悲しくなりすぎてゾウたちを見ることができませんでした。

☆チェック！ 日本文にあうように，（ ）内から適する語句を選びなさい。

1 □ (1) If it (will rain / rains), I will not play baseball. もし雨だったら，私は野球をしないつもりです。

2 □ (2) She ran (so / too) fast that I was surprised. 彼女があまりにも速く走ったので私は驚きました。

□ (3) This tea is (so / too) hot for (I / me) to drink.
3 私にとってこの紅茶はあまりにも熱すぎて飲めません。

□ (4) I'm (so / too) tired (to / not to) walk. 私はあまりにも疲れすぎていて歩けません。

テスト対策問題

1 (1)〜(4)は単語の意味を書き，(5)，(6)は日本語を英語にしなさい。

(1) faithful （　　　　　）　(2) kill （　　　　　）

(3) weak （　　　　　）　(4) damage （　　　　　）

(5) かわいそうな ＿＿＿＿＿　(6) stand の過去形 ＿＿＿＿＿

2 次の日本文にあうように，＿＿に適する語を書きなさい。

(1) その少年はもはや走れませんでした。

The boy could ＿＿＿＿＿ ＿＿＿＿＿ run.

(2) 私はベッドに横たわりました。

I ＿＿＿＿＿ ＿＿＿＿＿ on the bed.

(3) 毎日少しずつ学びなさい。

Learn ＿＿＿＿＿ ＿＿＿＿＿ ＿＿＿＿＿ every day.

(4) 彼らは芸をしました。

They ＿＿＿＿＿ their ＿＿＿＿＿.

3 次の対話が成り立つように，＿＿に適する語を書きなさい。

A: Do you have any plans for next Saturday?

B: Yes. (1)＿＿＿＿＿ ＿＿＿＿＿ sunny, I'll go fishing.

A: Sounds good.

B: Shall we go together if you (2)＿＿＿＿＿ free?

A: OK. Let's go together.

4 〔　〕内の語句を並べかえて，日本文にあう英文を書きなさい。

(1) 彼はあまりにも親切なので，私たちは彼が大好きです。

〔 kind / that / we / he / like / very much / so / him / is 〕.

＿＿＿＿＿＿＿＿＿＿＿＿＿＿＿

(2) その本はあまりにも高かったので，私はそれを買えませんでした。

The book 〔 I / buy / so / it / couldn't / was / that / expensive 〕.

The book ＿＿＿＿＿＿＿＿＿＿＿＿＿.

5 次の文を（　）内の語句を使って，ほぼ同じ内容を表す文に書きかえなさい。

(1) The box was so heavy that he couldn't carry it. （too）

＿＿＿＿＿＿＿＿＿＿＿＿＿＿＿

(2) This book is too difficult for me to read. （so 〜 that ...）

＿＿＿＿＿＿＿＿＿＿＿＿＿＿＿

テスト対策ナビ

1 重要単語

(3)反対の意味の語は strong。

(5)「貧しい」という意味もある。

2 重要表現

(1)肯定文の中で使い，文全体を否定の意味にする語句。

(2)不規則動詞。過去形に注意する。

(4)「する」を意味する動詞を使う。

3 注意すべき if の使い方

ミス注意！

if〜の文中の動詞は未来のことであっても現在形で表す。

(1)天気を表す文の主語は it。

4 あまりにも〜なので…

(2)so 〜 that —can't ... ＝ too 〜 for — to ...

5 あまりにも〜すぎて…できない

おぼえよう！

too 〜 (for —) to ...

＝so 〜 that—can't ...

・to のあとの動詞には目的語を置かない。

・that 以下の文には動詞の目的語を置く。

テストに出る！

予想問題

Reading 1 〜 Power-Up 2
Faithful Elephants 〜 不良品を交換しよう

⏱ 30分　/100点

1 対話を聞いて，質問の答えにあう絵を1つ選び，記号で答えなさい。　♪ a10　〔5点〕

ア　イ　ウ　エ

（　　　）

2 対話と質問を聞いて，その答えとして適するものを1つ選び，記号で答えなさい。　♪ a11

ア　Yes, she did.　　　　イ　No, she didn't.　　〔5点〕

ウ　She ate a sweet one.　エ　She ate a bitter one.　（　　　）

3 次の文を（　）内の指示にしたがって書きかえなさい。　5点×3〔15点〕

ミス注意！(1)　If you come to the party, we will be happy.　（We で文を始めて）

_____

ミス注意！(2)　I couldn't read the book because it was difficult.　（too を使って9語で）

_____

(3)　Shall we play soccer?　You aren't busy.　（if を文の途中に使って1つの文に）

_____

4 次の日本文にあうように，＿＿に適する語を書きなさい。　5点×4〔20点〕

(1)　もしも悪化したら医者を呼んでください。

Please call a doctor if you _____ _____ .

(2)　彼は大変な仕事から逃げ出したいと思いました。

He wanted to _____ _____ from hard work.

(3)　メアリーはおかあさんを手伝わなければなりませんでした。

Mary _____ _____ help her mother.

(4)　彼らは涙ながらに歌いました。

They sang _____ _____ .

5 次の各組の文がほぼ同じ内容を表すように，＿＿に適する語を書きなさい。　5点×2〔10点〕

(1)　{ I am too old to work.
　　I am _____ old _____ I _____ work.

ミス注意！(2)　{ It was so cold that he couldn't swim.
　　It was _____ cold _____ swim.

6 次の英文を読んで，あとの問いに答えなさい。 〔15点〕

> John loved potatoes, so they gave him poisoned potatoes together with good ones. But ①John was so clever that he ate only the good potatoes. Then they tried to give him an injection. ②(しかし，ジョンの皮ふは注射針にとってあまりにも固すぎて貫通できませんでした。)
>
> ③Finally, 〔 to / they / food / giving / him / stop / any / decided 〕. Poor John died in seventeen days.
>
> 出典：Yukio Tsuchiya(Translated by Tomoko Tsuchiya Dykes)：*FAITHFUL ELEPHANTS*
> *A True Story of Animals, People and War*　Houghton Mifflin Company

(1) 下線部①を日本語になおしなさい。 〈4点〉
( )

(2) 次の英文が下線部②の意味になるように，＿＿＿に適する語を書きなさい。 〈4点〉
But John's skin was ＿＿＿＿＿＿ hard for the needles ＿＿＿＿＿＿ go through.

(3) 下線部③が「ついに，彼らはジョンに食べ物を与えるのをやめることを決めました。」という意味になるように，〔 　〕内の語を並べかえなさい。 〈7点〉
Finally, ＿＿＿＿＿＿＿＿＿＿＿＿＿＿＿＿＿＿＿＿＿＿＿＿＿＿＿＿＿＿＿＿＿＿.

7 〔 　〕内の語句を並べかえて，日本文にあう英文を書きなさい。 5点×3〔15点〕

(1) 明日もしあなたが家にいるなら，いっしょに宿題をしませんか。
〔 home / do / if / shall / our / are / we / homework / you / at / tomorrow 〕?

(2) 彼女はとても速く話したので,私は彼女の言うことを理解できませんでした。(1語補う)
〔 I / fast / she / so / that / her / spoke / understand 〕.

(3) 昨日は私にとってあまりにも暑すぎて眠れませんでした 。
〔 to / me / it / yesterday / hot / was / too / for / sleep 〕.

8 次の日本文を英語になおしなさい。 5点×2〔10点〕

(1) もしあなたが疲れているなら，早く寝るべきです。 （If で始めて）

(2) 彼はあまりにも忙しすぎて，昼食を食べられませんでした。 （have lunch を使って）

9 次のようなとき，英語でどのように言うか2文で書きなさい。 〔5点〕
[店で]カメラを返品したい，レンズに傷があると伝えるとき。(1文目を6語，2文目を4語で)

PROGRAM 4 ～ Steps 3

Sign Languages, Not Just Gestures! ～ かんたんな表現で言いかえよう

テストに出る! ココが要点&チェック!

分詞の後置修飾

教 p.51～p.59

1 現在分詞の後置修飾

➡★(1)(2)(3)

「～している…」と名詞に説明を加えるとき，名詞のあとに〈現在分詞＋語句〉を置いて表す。現在分詞は，動詞の -ing 形のこと。

主語 ┌──────────┐ 動詞
The woman **standing** by the door is my mother.　ドアのそばに立っている女性は私の母です。
説明▲────── 現在分詞　ドアのそばに立っている

I'm sitting next to *the boy* **wearing** a red cap.
　　　　　　　　　説明▲──── 現在分詞　赤いぼうしをかぶっている

私は赤いぼうしをかぶっている少年の隣りにすわっています。

Look at *the girl* **running** in the park.　　　公園で走っている女の子を見てください。
　　　　　説明▲──── 現在分詞　公園で走っている

> ── 〈現在分詞＋名詞〉の形 ──
> ▶現在分詞 1 語で名詞に説明を加えるときは，名詞の前に現在分詞を置く。
> 　　　　　　　現在分詞
> Look at the **running** *girl*.　走っている女の子を見てください。
> 　　　走っている └──▲説明

2 過去分詞の後置修飾

➡★(4)(5)

「～されている[た]…」と名詞に説明を加えるとき，名詞のあとに〈過去分詞(過去分詞形)＋語句〉を置いて表す。過去分詞形は，規則動詞は過去形と同じ，不規則動詞は動詞によって異なる。

主語 ┌──────┐ 動詞
The postcard **sent** by Bob is very beautiful.
説明▲──── 過去分詞　ボブによって送られた

　　　　　　　　　　　　　ボブによって送られた絵はがきはとても美しいです。

I have *a shirt* **made** in France.　　私はフランスで作られたシャツを持っています。
　　説明▲──── 過去分詞　フランスで作られた

These are *the dishes* **broken** by Mami.　これらはマミに壊された皿です。
　　　　説明▲──── 過去分詞　マミに壊された

> ── 〈過去分詞＋名詞〉の形 ──
> ▶過去分詞 1 語で名詞に説明を加えるときは，名詞の前に過去分詞を置く。
> 　　　　　　　過去分詞
> These are **broken** *dishes*.　これらは壊された皿です。
> 壊された(壊れた) └──▲説明

助動詞のさまざまな使い方

3 must「〜にちがいない」 (6)(7)

助動詞 must は「〜しなければならない」と義務や必要性を表すほか,「〜にちがいない」という話し手の強い推量の意味を表す。

推 量　It must be fantastic to communicate in sign language.
「〜にちがいない」 ┗▶動詞の原形
　　　　　　　　　　　　　　　手話で気持ちを伝え合うことはすばらしいにちがいない。

義務・必要性　You must leave at ten.
「〜しなければならない」 ┗▶動詞の原形
　　　　　　　　　　　　　　あなたは 10 時に出発しなければなりません。

4 can「〜することが可能である」 (8)

助動詞 can は「〜することができる」と能力を表すほか,「〜することが可能である」という可能の意味をもつ。

可 能　If you practice hard, you can be a starting player.
「〜することが可能である」 ┗▶動詞の原形
　　　　　　　　　　　　　　あなたは一生懸命練習すれば,先発選手になることが可能です。

能 力　You can run fast.
「〜することができる」 ┗▶動詞の原形
　　　　　　　　　　　あなたは速く走ることができます。

5 have to〜の否定「〜する必要はない」 (9)

have to〜「〜しなければならない」の否定は don't have to 〜「〜する必要はない」となる。

肯定文　You have to have your own musical instrument.
「〜しなければならない」 ┗▶動詞の原形
　　　　　　　　　　　　　あなたは自分自身の楽器を持たなければなりません。

否定文　You don't have to have your own musical instrument.
「〜する必要はない」 ┗▶否定　┗▶動詞の原形
　　　　　　　　　　　　　　あなたは自分自身の楽器を持つ必要はありません。

☆チェック!　日本文にあうように,(1)〜(5)の( )内の語を適する形にし,(6)〜(9)は( )内から適するものを選びなさい。

1
- [ ] (1) The girl (　　　　　) the piano is my friend. (play)
　　　　　　　　　　　　　　　　　　　ピアノをひいている女の子は私の友人です。
- [ ] (2) Do you know the boy (　　　　) over there? (walk)
　　　　　　　　　　　　　　　あなたはあそこを歩いている男の子を知っていますか。
- [ ] (3) I don't know that (　　　　) child. (sing)　私はあの歌っている子どもを知りません。

2
- [ ] (4) This is a fish (　　　　) by him. (catch)　これは彼によってつかまえられた魚です。
- [ ] (5) I don't have a (　　　　) book. (use)　私は古本を持っていません。

3
- [ ] (6) Ana's father (must / will) come here by six.　アナの父は 6 時までにここに来るにちがいない。
- [ ] (7) Her story must (true / be true).　彼女の話はほんとうにちがいない。

4
- [ ] (8) I (can / could) see you tomorrow.　私は明日あなたに会うことが可能です。

5
- [ ] (9) She (don't / doesn't) have to wash the car.　彼女はその車を洗う必要はありません。

テスト対策問題

テスト対策ナビ

リスニング

♪ a12

1 英文を聞いて，内容にあう絵を 1 つ選び，記号で答えなさい。

ア　イ　ウ　エ

（　　）

2 (1)〜(6)は単語の意味を書き，(7)〜(10)は日本語を英語にしなさい。

(1) design （　　　　　）
(2) realize （　　　　　）
(3) necessary （　　　　　）
(4) population （　　　　　）
(5) official （　　　　　）
(6) expression （　　　　　）
(7) 情報を伝え合う ＿＿＿＿＿＿
(8) 活動 ＿＿＿＿＿＿
(9) 顔の ＿＿＿＿＿＿
(10) wear の過去分詞形 ＿＿＿＿＿＿

2 重要単語

(1)名詞としても使うが，ここでは動詞の意味。
(8)形容詞は active。
(10)不規則動詞。過去形は wore。

3 次の日本文にあうように，＿＿に適する語を書きなさい。

(1) 300 万円かかるのですか。まさか。

Does it cost 3 million yen? ＿＿＿＿＿ ＿＿＿＿＿!

(2) どちらがあなたのものですか。

＿＿＿＿＿ ＿＿＿＿＿ is yours?

(3) どういう意味ですか。＿＿＿＿＿ do you ＿＿＿＿＿?

(4) 私たちは何度か京都に行ったことがあります。

We have been to Kyoto ＿＿＿＿＿ ＿＿＿＿＿.

(5) 彼らは文化祭に参加しました。

They ＿＿＿＿＿ ＿＿＿＿＿ in the school festival.

3 重要表現

(1)会話で使われるくだけた表現。「冗談でしょう」とほぼ同じ意味。

(4)現在完了形の経験の文。have[has] been to 〜 で「〜に行ったことがある」。
(5)動詞の時制に注意する。

4 〔　〕内の語句を並べかえて，日本文にあう英文を書きなさい。

(1) 私たちは海の近くに立っているホテルに泊まりました。

We stayed 〔 at / near / a hotel / the sea / standing 〕.

We stayed ＿＿＿＿＿＿＿＿＿＿＿.

(2) あの歌っている少年はだれですか。

〔 that / who / boy / singing / is 〕?

＿＿＿＿＿＿＿＿＿＿＿

(3) 英語を話している女の子は私の友人です。

〔 my / the girl / English / is / friend / speaking 〕.

＿＿＿＿＿＿＿＿＿＿＿

4 現在分詞の後置修飾

ポイント

・名詞を「〜している…」と説明する。
・名詞のあとに〈現在分詞＋語句〉を続ける。
・現在分詞 1 語で名詞を修飾するときは名詞の前に現在分詞を置く。

p.25 答　(1) playing　(2) walking　(3) singing　(4) caught　(5) used　(6) must　(7) be true　(8) can　(9) doesn't

5 次の英文を読んで，あとの問いに答えなさい。

> ① ASL is a sign language (use) widely around the world.
> ② (　　)(　　) a report, ③ 〔half / in / a / there / ASL / about / users / are / million / the U.S.〕 ASL is also used in Canada and some parts of Asia and Africa.

(1) 下線部①の（　）内の語を適する形にかえ，できた英文を日本語になおしなさい。　_____
（　　　　　　　　　　　　　　　　　　　　　　　　　　　　　）

(2) 下線部②が「報告によれば」という意味になるように，（　）に適する語を書きなさい。　_____ _____

(3) 下線部③が「アメリカには手話を使う人が約50万人います」という意味になるように，〔　〕内の語句を並べかえなさい。

_____

6 （　）内の語を適する形になおして____に書きなさい。

(1) I bought a shirt _____ in China. （make）

(2) Who is the man _____ them science? （teach）

(3) This is a camera _____ by many people. （use）

(4) Look at that _____ door. （break）

(5) I don't like _____ eggs very much. （boil）

7 次の文を（　）内の意味を加えた文に書きかえるとき，____に適する語を書きなさい。

(1) I help my mother after school. （～することが可能である）
I _____ help my mother after school.

(2) She gets up early. （～する必要はない）
She _____ _____ _____ get up early.

(3) The boy is Junko's brother. （～にちがいない）
The boy _____ _____ Junko's brother.

8 次の日本文を英語になおしなさい。

(1) 木の下で本を読んでいる女性はあなたのおかあさんですか。

_____

(2) ここから見える庭(the garden)は美しいです。

_____

(3) 私たちは何も言う必要はありませんでした。

_____

---

5 本文の理解

(1)「使われている手話」と考える。
(3)「～がいます」は there are ～. の文で表す。100万は million だが，50万はどのように表せばよいか。

6 過去分詞の後置修飾

ポイント
・名詞を「～されている[た]…」と説明する。
・名詞のあとに〈過去分詞＋語句〉を続ける。
・過去分詞1語で名詞を修飾するときは名詞の前に過去分詞を置く。

7 〈助動詞のさまざまな使い方〉

おぼえよう！
can…～できる(能力)
　～できうる(可能)
must…～しなければならない(義務・必要性)
　～にちがいない(強い推量)

8 英作文

(1)(2)主語を現在分詞または過去分詞を使ってうしろから修飾する。
(3)have to ～の否定文を使う。時制に注意。

27

テストに出る！
予想問題

PROGRAM 4 〜 Steps 3
Sign Languages, Not Just Gestures! 〜 かんたんな表現で言いかえよう

⏱ 30分　　/100点

1 英文を聞いて，内容にあう絵を1つ選び，記号で答えなさい。　　♪ a13　〔4点〕

ア　イ　ウ　エ

（　　　）

2 対話と質問を聞いて，その答えとして適するものを1つ選び，記号で答えなさい。　♪ a14

ア　Yes, he can.　　　　イ　No, he can't.　　　　〔4点〕

ウ　Yes, he does.　　　エ　No, he doesn't have to.　　（　　　）

3 次の日本文にあうように，____ に適する語を書きなさい。　　4点×6〔24点〕

ミス注意！(1) 世界にはたくさんの種類の食べ物があります。

　There are many ＿＿＿＿＿＿＿＿ ＿＿＿＿＿＿ food in the world.

(2) 私は日本の文化を学びたいです。

　I'd ＿＿＿＿＿＿＿ ＿＿＿＿＿＿ learn Japanese culture.

(3) 私の同級生のうちのひとりはアメリカ人です。

　＿＿＿＿＿＿＿ ＿＿＿＿＿＿＿ my classmates is American.

(4) あなたは音楽に興味がありますか。

　＿＿＿＿＿＿＿ you ＿＿＿＿＿＿ in music?

(5) 私たちの夏休みは40日間続きます。

　Our summer vacation ＿＿＿＿＿＿ ＿＿＿＿＿＿ forty days.

(6) 中国語で「私の名前はマイです。」はどのように言いますか。

　＿＿＿＿＿＿＿ do you say "My name is Mai," ＿＿＿＿＿＿ Chinese?

よく出る **4** 各組の文がほぼ同じ内容を表すように，____ に適する語を書きなさい。　　4点×4〔16点〕

(1) { I have an uncle. He lives in London.

　　 I have an uncle ＿＿＿＿＿＿＿ ＿＿＿＿＿＿ London.

(2) { Ted held a party. It was very exciting.

　　 The party ＿＿＿＿＿＿ ＿＿＿＿＿＿ ＿＿＿＿＿＿ was very exciting.

(3) { The girl is Eita's sister. She is listening to music.

　　 The girl ＿＿＿＿＿＿ ＿＿＿＿＿＿ ＿＿＿＿＿＿ is Eita's sister.

やや難 (4) { I like English books.

　　 I like books ＿＿＿＿＿＿ ＿＿＿＿＿＿ English.

5 次の対話文を読んで，あとの問いに答えなさい。 〔14点〕

> *Mao:* Which one is Sophia?
> *Daniel:* She is the girl ①(use)sign language.
> *Mao:* Oh, can you understand her?
> *Daniel:* Yes. She is asking, "How are you?"
> *Mao:* I see. ②It must be fantastic to communicate in sign language.
> *Daniel:* I think so too. ③Sophia (   )(   ) ASL. It's American Sign Language.

(1) ①の（ ）内の語を適する形にしなさい。 ＿＿＿＿＿＿＿ 〈3点〉

(2) 下線部②を日本語になおしなさい。 〈6点〉
( )

(3) 下線部③が「ソフィアは私に ASL（アメリカ手話）を教えてくれました。」という意味になるように，（ ）に適する語を書きなさい。 〈5点〉

＿＿＿＿＿＿＿＿＿ ＿＿＿＿＿＿＿＿＿

6 〔 〕内の語句を並べかえて，日本文にあう英文を書きなさい。 5点×4〔20点〕

(1) 割れたお皿を使ってはいけません。（1語不要）
〔 a / don't / you / use / dish / broken 〕.

＿＿＿＿＿＿＿＿＿＿＿＿＿＿＿＿＿＿＿＿＿＿＿＿

(2) 彼から送られた贈り物は私を幸せにしました。
〔 sent / me / the present / by / happy / made / him 〕.

＿＿＿＿＿＿＿＿＿＿＿＿＿＿＿＿＿＿＿＿＿＿＿＿

(3) 向こうでバスを待っている男性はだれですか。
〔 is / over / who / waiting / a bus / the man / for / there 〕?

＿＿＿＿＿＿＿＿＿＿＿＿＿＿＿＿＿＿＿＿＿＿＿＿

(4) 私はアメリカ人歌手が歌っている歌が好きです。
〔 singers / like / songs / by / sung / I / to / American 〕.（1語不要）

＿＿＿＿＿＿＿＿＿＿＿＿＿＿＿＿＿＿＿＿＿＿＿＿

7 次の日本文を，名詞を修飾する分詞を使って英語になおしなさい。 6点×3〔18点〕

(1) あなたはタナカさん(Mr. Tanaka)といっしょに走っている女性を知っていますか。

＿＿＿＿＿＿＿＿＿＿＿＿＿＿＿＿＿＿＿＿＿＿＿＿

(2) 私は日本製のカメラを買う必要はありませんでした。 （have を使って）

＿＿＿＿＿＿＿＿＿＿＿＿＿＿＿＿＿＿＿＿＿＿＿＿

(3) 英語は多くの人によって話されている言語です。

＿＿＿＿＿＿＿＿＿＿＿＿＿＿＿＿＿＿＿＿＿＿＿＿

The Story of Chocolate 〜 動詞の使い分け

テストに出る！　**ココ**が**要点**&**チェック！**

関係代名詞（主格）

数 p.63〜p.71

1 関係代名詞 who（主格）

→★(1)(2)(3)

文と文とをつなぎ，前の名詞（先行詞）を説明する語を**関係代名詞**という。「人」について説明するときは関係代名詞 who を使う。

先行詞が人

►she＝the woman

The woman is Lisa．＋ She has long hair．　その女性はリサです。彼女は長い髪をしています。

2つの文をつなぐ ⇩

The woman who has long hair is Lisa．　　長い髪をしているその女性はリサです。

女性
↓
先行詞＝人　　説明〈who＋動詞（＋目的語）〉の形
　　　　　　　　長い髪をした
　　　　　who は has 〜の主語の働き→ who は主格

― 主格の関係代名詞 who ―

▶先行詞は「人」。
▶〈関係代名詞＋動詞（＋目的語）〉の形で名詞を説明し，関係代名詞が主語の働きをする。
▶主格の関係代名詞のあとの動詞は先行詞の人称や数にあわせる。

2 関係代名詞 which（主格）

→★(4)(5)(6)

文と文をつなぎ，「もの・事がら」の先行詞についてあとから説明するときは関係代名詞 which を使う。

先行詞がもの・事がら

►they＝lions

Lions are large animals．＋ They belong to the cat family．

2つの文をつなぐ ⇩　　　　ライオンは大きな動物です。それらはネコ科に属しています。

Lions are *large animals* which belong to the cat family．

大きな動物
↓
先行詞＝動物　　説明〈which＋動詞（＋目的語）〉の形
　　　　　　　　ネコ科に属する　　　　ライオンはネコ科に属する大きな動物です。
　　　　　which は belong 〜の主語の働き → which は主格

― 主格の関係代名詞 which ―

▶先行詞は「もの・事がら」。
▶〈関係代名詞＋動詞（＋目的語）〉の形で名詞を説明し，関係代名詞が主語の働きをする。
▶主格の関係代名詞のあとの動詞は先行詞の人称や数にあわせる。

3 関係代名詞 that（主格）

→★(7)(8)(9)

関係代名詞 that は先行詞が「人・もの・事がら」のいずれの場合でも使うことができる。特に先行詞が〈人＋もの〉の場合，that を使うことが多い。

先行詞が人・もの・事がら

It's a movie. ＋ It has many romantic scenes.
　　　　　　　　　　　it = a movie

2つの文をつなぐ ⇩　　　それは映画です。それはロマンチックな場面がたくさんあります。

It's *a movie* that has many romantic scenes.

映画　　　　　ロマンチックな場面がたくさんある
↓　　　　説明〈that＋動詞（＋目的語）〉の形　　それはロマンチックな場面がたくさんある映画です。
先行詞＝もの　　that は has 〜の主語の働き→ that は主格
　　　　　　　　先行詞が「もの」なので，この場合 which でもよい

┌─ 注意すべき主格の関係代名詞 that ─┐

▶先行詞に最上級や序数，all，every，the only などがつくと that を使うことが多い。

All *the people* that came to the party had a good time.

人々　　　　　説明〈that＋動詞（＋目的語）〉の形
↓　　　　　that は came 〜の主語の働き → that は主格
先行詞＝人　　先行詞は「人々」だが all がついているので that を使用

そのパーティーに来たすべての人々は楽しい時を過ごしました。

☆チェック！ 日本文にあうように，（ ）内から適する語句を選びなさい。

- □ (1) The woman (who / which) is running over there is my sister.

  向こうを走っている女性は私の姉[妹]です。

- □ (2) We know the boys (who was / who were) in the library.

  私たちは図書館にいた少年たちを知っています。

- □ (3) The man who (love / loves) Kate is Tom.　ケイトを愛している男性はトムです。

- □ (4) Do you know the song (who / which) was sung by him?

  あなたは彼によって歌われた歌を知っていますか。

- □ (5) He has a bird (which speaks / which speak) Japanese.

  彼は日本語を話す鳥を飼っています。

- □ (6) They will visit the temple (which stands / which stand) in the mountain.

  彼らは山の中に建っている寺を訪れるでしょう。

- □ (7) I have an uncle (which / that) lives in London.　私にはロンドンに住んでいるおじがいます。

- □ (8) Do you like cars (who / that) are made in Japan?　あなたは日本製の車は好きですか。

- □ (9) The first person (which / that) went there is Mr. Inoue.

  そこへ行った最初の人はイノウエさんです。

テスト対策問題

テスト対策★ナビ

🎵 リスニング

♪ a15

1 英文を聞いて，内容にあう絵をそれぞれ１つずつ選び，記号で答えなさい。

ア　イ　ウ　エ

(1)(　　　)
(2)(　　　)

2 (1)〜(6)は単語の意味を書き，(7)〜(10)は日本語を英語にしなさい。

(1) prefecture (　　　　　)
(2) surround (　　　　　)
(3) consume (　　　　　)
(4) unfairly (　　　　　)
(5) female (　　　　　)
(6) electronic (　　　　　)
(7) 加える　＿＿＿＿＿＿
(8) 完全な,申し分ない　＿＿＿＿＿＿
(9) 辞典, 辞書　＿＿＿＿＿＿
(10) 首　＿＿＿＿＿＿

2 重要単語
(4) un- は打ち消しを表す。否定の意味を加える働きがある。
(5)対の意味を表す語は male。

よく出る **3** 次の日本文にあうように，＿＿に適する語を書きなさい。

ミス注意! (1) ちくわは魚からできています。

Chikuwa is ＿＿＿＿＿＿ ＿＿＿＿＿＿ fish.

(2) 私の姉は英語クラブに所属しています。

My sister ＿＿＿＿＿＿ ＿＿＿＿＿＿ the English club.

(3) 私は彼女を偉大なピアニストと見なしました。

I ＿＿＿＿＿＿ her ＿＿＿＿＿＿ a great pianist.

ミス注意! (4) 彼らはそこに行かざるを得ませんでした。

They ＿＿＿＿＿＿ ＿＿＿＿＿＿ ＿＿＿＿＿＿ go there.

(5) 彼の本は私たちを幸せにしました。

His book ＿＿＿＿＿＿ ＿＿＿＿＿＿ happy.

3 重要表現
(1)原材料を表すときの表現。受け身の形で表す。前置詞に注意する。
(4)受け身の形で表す。
(5)「〜を…(の状態)にする」の文。

4 次の２文を，who を使って１文にしなさい。また，完成した文を日本語になおしなさい。

(1) I have a friend. He is a good singer.

＿＿＿＿＿＿＿＿＿＿＿＿＿＿＿＿＿
(　　　　　　　　　　　　　　　　　)

(2) The girl is Lucy. She is reading a book under the tree.

＿＿＿＿＿＿＿＿＿＿＿＿＿＿＿＿＿
(　　　　　　　　　　　　　　　　　)

4 関係代名詞 who

ミス注意!
・〈関係代名詞＋動詞(＋目的語)〉の形で先行詞(人)を説明するときは関係代名詞 who を使う。
(who は先行詞が「人」の場合のみに使う)
・who のあとの動詞は先行詞の人称や数にあわせる。

p.31 答 (1) who (2) who were (3) loves (4) which (5) which speaks (6) which stands (7) that (8) that (9) that

5 次の対話文を読んで，あとの問いに答えなさい。　　　5 本文の理解

> *Emily:* ①〔 speech / found / a good topic / for / I've / our 〕.
> *Ken:* What is it?
> *Emily:* It's the history of chocolate.
> *Ken:* ②(　　　　)(　　　　)! ③There are many students who love chocolate in our class.
> *Emily:* According to a website, the original chocolate was just a bitter drink.

(1) 下線部①が「私はスピーチのためのよい話題を見つけたところです。」という意味になるように，〔 〕内の語句を並べかえなさい。

_____

(2) 下線部②が「おもしろそうですね。」という意味になるように（ ）に適する語を書きなさい。　_____ _____!

(3) 下線部③を日本語になおしなさい。
(　　　　　　　　　　　　　　　　　　　　　　　　　)

(1)現在完了の文。
(2)「おもしろい」は interesting を使う。
(3)who 以下の文は many students をあとから説明している。

6 次の文の____に who，which のどちらかを書きなさい。

(1) This is a picture _____ was taken by him.

(2) I know those boys _____ are playing baseball.

(3) He lives in a house _____ has five rooms.

6 関係代名詞which

ポイント
・〈which＋動詞（＋目的語）〉で説明するときの先行詞は必ず「もの・事がら」。
・which のあとの動詞は先行詞の人称や数にあわせる。

7 〔 〕内の語句を並べかえて，日本文にあう英文を書きなさい。

(1) あれが駅へ行くバスです。
〔 the bus / to / that / the station / is / goes / which 〕.

_____

(2) ぼうしをかぶっている女性はケンのおかあさんです。
〔 Ken's mother / the woman / is / a hat / that / wears 〕.

_____

(3) 私は英語で書かれた手紙を受けとりました。
〔 received / written / I / in / a letter / was / that / English 〕.

_____

7 関係代名詞 that

ポイント
・〈that＋動詞（＋目的語）〉で説明するときの先行詞は「人・もの・事がら」。
・that のあとの動詞は先行詞の人称や数にあわせる。

8 次の日本文を，who または which を使って英語になおしなさい。

(1) いすの上で眠っているねこは黒色です。
The cat _____.

(2) 私には東京で働いている兄がいます。
I have _____.

8 英作文
(1)「いすの上で眠っている」を関係代名詞の文で表す。
(2)先行詞は a brother。

33

テストに出る！
予想問題

PROGRAM 5 〜 Word Web 2
The Story of Chocolate 〜 動詞の使い分け

🕐 30分

/100点

1 クイズを聞き，その答えとして適する絵を1つ選び，記号で答えなさい。 ♪ a16 〔4点〕

ア　イ　ウ　エ

（　　）

2 対話と質問を聞いて，その答えとして適するものを1つ選び，記号で答えなさい。 ♪ a17

ア　To be a doctor.　　　　　　　イ　To be an English teacher.　〔4点〕
ウ　Because he likes English songs.　エ　Because he teaches English.　（　　）

3 次の日本文にあうように，＿＿に適する語を書きなさい。　　　　　　　4点×4〔16点〕

(1) 彼女は毎日練習しています。一方で，彼は週にほんの3回練習します。

She practices every day. ＿＿＿＿＿＿＿ the ＿＿＿＿＿＿＿ ＿＿＿＿＿＿＿，

he practices only three times a week.

(2) 私は家にいました。つまり，そこには行っていません。

I was at home. ＿＿＿＿＿＿＿ ＿＿＿＿＿＿＿ ＿＿＿＿＿＿＿, I didn't go there.

(3) 彼と私は同時に立ち上がりました。

He and I stood up at the ＿＿＿＿＿＿＿ ＿＿＿＿＿＿＿.

(4) 私はそのニュースを聞いて悲しかったです。

I was ＿＿＿＿＿＿＿ ＿＿＿＿＿＿＿ ＿＿＿＿＿＿＿ the news.

4 各組の文がほぼ同じ内容を表すように，whoまたはwhichを使って＿＿に適する語を書きなさい。

(1) ┌ The boy sitting by the window is my brother.　　　　　5点×3〔15点〕
　　└ The boy ＿＿＿＿＿＿＿ ＿＿＿＿＿＿＿ sitting by the window is my brother.

(2) ┌ The languages used in Canada are English and French.
　　└ The languages ＿＿＿ ＿＿＿ ＿＿＿ in Canada are English and French.

(3) ┌ That is a town. It is famous for its big church.
　　└ That is a town ＿＿＿＿＿＿＿ ＿＿＿＿＿＿＿ famous for its big church.

5 次の英文を日本語になおしなさい。　　　　　　　　　　　　　3点×2〔6点〕

(1) Do you know the school which has a large gym?

（　　　　　　　　　　　　　　　　　　　　　　　　　）

(2) Who is the woman that is speaking with Mr. Brown?

（　　　　　　　　　　　　　　　　　　　　　　　　　）

6 次の英文を読んで，あとの問いに答えなさい。 〔20点〕

①（世界で最初の固形のチョコレートは1847年に作られました。） However, it was still bitter. ②Then a Swiss man and his friend added milk to improve its taste. This is called "milk chocolate" today.

Chocolate is ③(enjoy)throughout the world now. Look at this figure. ④[consume / find / a lot of / which / let's / chocolate / the countries].

(1) 次の英文が下線部①の意味になるように， ＿＿ に適する語を書きなさい。 〈4点〉
The world's first solid chocolate ＿＿＿＿＿＿ ＿＿＿＿＿＿ ＿＿＿＿＿＿ 1847.

(2) 下線部②を日本語になおしなさい。 〈6点〉
( )

(3) ③の( )内の語を適する形にしなさい。 ＿＿＿＿＿＿＿＿ 〈4点〉

(4) 下線部④が「たくさんのチョコレートを消費している国を見つけましょう。」の意味になるように，〔 〕内の語句を並べかえなさい。 〈6点〉

＿＿＿＿＿＿＿＿＿＿＿＿＿＿＿＿＿＿＿＿＿＿＿＿＿＿＿＿＿＿＿＿＿＿

7 〔 〕内の語句を並べかえて，日本文にあう英文を書きなさい。 5点×4〔20点〕

(1) 私はアメリカの歴史に興味をもっている女性を知っています。
[know / is / in / a woman / interested / I / American history / who].

＿＿＿＿＿＿＿＿＿＿＿＿＿＿＿＿＿＿＿＿＿＿＿＿＿＿＿＿＿＿＿＿＿＿

(2) あなたはお寺がたくさんある町に住んでいますか。 （1語不要）
[you / temples / live / which / a town / many / has / is / do / in]?

＿＿＿＿＿＿＿＿＿＿＿＿＿＿＿＿＿＿＿＿＿＿＿＿＿＿＿＿＿＿＿＿＿＿

(3) 病院に連れてこられた少年はヒロキですか。
[was / to / Hiroki / is / taken / who / the hospital / the boy]?

＿＿＿＿＿＿＿＿＿＿＿＿＿＿＿＿＿＿＿＿＿＿＿＿＿＿＿＿＿＿＿＿＿＿

(4) 彼によって書かれたいくつかの小説は人気があります。 （1語不要）
[were / him / he / are / novels / that / popular / some / by / written].

＿＿＿＿＿＿＿＿＿＿＿＿＿＿＿＿＿＿＿＿＿＿＿＿＿＿＿＿＿＿＿＿＿＿

8 次の日本文を関係代名詞 who または which を使って英語になおしなさい。 5点×3〔15点〕

(1) 今，昼食を食べている(have lunch)先生はオーストラリア(Australia)出身です。

＿＿＿＿＿＿＿＿＿＿＿＿＿＿＿＿＿＿＿＿＿＿＿＿＿＿＿＿＿＿＿＿＿＿

(2) 中野先生(Mr. Nakano)は私たちに英語を教えている先生たちのうちの1人です。(11語で)

＿＿＿＿＿＿＿＿＿＿＿＿＿＿＿＿＿＿＿＿＿＿＿＿＿＿＿＿＿＿＿＿＿＿

(3) あなたはそのパーティーで歌われたその歌(the song)を知っていますか。

＿＿＿＿＿＿＿＿＿＿＿＿＿＿＿＿＿＿＿＿＿＿＿＿＿＿＿＿＿＿＿＿＿＿

The Great Pacific Garbage Patch

テストに出る！ **ココ**が**要点**&**チェック！**

関係代名詞（目的格）

 教 p.75〜p.83

1 関係代名詞 which（目的格）
→★(1)(2)

　関係代名詞 which は「もの・事がら」の先行詞を説明する文の中で目的語の働きをするときにも使われる。これを**目的格の関係代名詞**といい，あとに〈主語＋動詞〉が続く。

先行詞がもの・事がら

This is a plan ． ＋ I made it for you.
　　　　　　　　　　　　　it = a plan ← made の目的語

これは計画です。　　　　私はあなたのためにそれを作りました。

2つの文をつなぐ⬇　　　　made の目的語は入らない

This is *a plan* which I made for you. これは私があなたのために作った計画です。

計画
↓
先行詞＝もの　　説明〈which ＋主語＋動詞〉の形
　　　　　　　which は made の目的語の働き…which は目的格
私があなたのために作った

2 関係代名詞 that（目的格）
→★(3)(4)(5)(6)

　先行詞が「人・もの・事がら」の場合，関係代名詞 that を使って〈that＋主語＋動詞〉の形で先行詞を説明する。先行詞が「もの・事がら」のときは which，that のどちらも使える。

先行詞が人・もの・事がら

These are the cherry trees ． ＋ Japan gave them to Washington, D.C. in 1912.
　　　　　　　　　　　　　　　　them = the cherry trees ← gave の目的語

これらは桜の木です。　　　　日本はそれらを 1912 年にワシントン DC に贈りました。

2つの文をつなぐ⬇　　　gave の「〜を」の意味の目的語は入らない

These are *the cherry trees* that[which] Japan gave to Washington, D.C. in 1912.

桜の木
↓
先行詞＝もの　　説明〈that ＋主語＋動詞〉の形
　　　　　　　that は gave の目的語の働き…that は目的格
日本が 1912 年にワシントン DC に贈った

これらは日本が 1912 年にワシントン DC に贈った桜の木です。

注意すべき目的格の関係代名詞 that

▶先行詞に最上級や序数，all，every，the only などがつくと that を使うことが多い。

It is the biggest house that I have ever seen.
　　　　　　　　　　説明〈that ＋主語＋動詞〉の形
　　　　　　　that は seen の目的語の働き…that は目的格
　　　　　　　先行詞に the biggest がついているので that を使用

それは私がこれまでに見た中でもっとも大きな家です。

3 目的格の関係代名詞の省略

➡★(7)(8)

目的格の関係代名詞を省略し，〈先行詞＋主語＋動詞〉の形で表すことができる。

The museum is near the city hall. ＋ I like it the best.
博物館は市役所の近くにあります。　　　　　私はそれがいちばん好きです。

it = the museum

⇩ 2つの文をつなぐ

The museum which I like the best is near the city hall.

博物館　　　　　　　　　　　　私がいちばん好きな　　　　私がいちばん好きな博物館は市役所の近くにあります。
↓
先行詞＝もの　　説明〈which＋主語＋動詞〉の形

which は like の目的語の働き…which は目的格

⇩ 関係代名詞を省略

The museum I like the best is near the city hall.

説明

┏ 関係代名詞のまとめ ┓

先行詞	主格	目的格
人	who	(who)
もの・事がら	which	which
人・もの・事がら	that	that

→ which・that は省略可能

- - - - - - - -

☆チェック!　日本文にあうように，（　）内から適する語を選びなさい。ただし，両方とも適する場合もある。

1

□ (1) The car (who / which) my father bought last year is white.

昨年，私の父が買った車は白色です。

□ (2) We like cakes (who / which) she makes on our birthdays.

私たちは彼女が私たちの誕生日に作るケーキが好きです。

2

□ (3) Do you know the song (who / that) he sang yesterday?

あなたは彼が昨日歌った歌を知っていますか。

□ (4) The man (which / that) you met at the party is my teacher.

あなたがそのパーティーで会った男性は私の先生です。

□ (5) This isn't the pen (which / that) he gave to me. これは彼が私にくれたペンではありません。

□ (6) This is the most interesting book (who / that) I have ever read.

これは私が今までに読んだ中でもっともおもしろい本です。

3

□ (7) Is the song (that / you) sang this morning popular?

あなたが今朝歌った歌は人気がありますか。

□ (8) I like the hat my friend (gives/ gave) to me yesterday.

私は，昨日友人が私にくれたぼうしを気にいっています。

テスト対策問題

テスト対策☆ナビ

🎵 リスニング

♪ a18

1 (1)，(2)の英文を聞いて，内容にあう絵をそれぞれ1つずつ選び，記号で答えなさい。

ア　イ　ウ　エ

(1) (　　　　)

(2) (　　　　)

2 (1)〜(6)は単語の意味を書き，(7)〜(10)は日本語を英語にしなさい。

(1) whole 　(　　　　　　)　　(2) surface 　(　　　　　　　)

(3) area 　(　　　　　　)　　(4) reduce 　(　　　　　　　)

(5) human 　(　　　　　　)　　(6) project 　(　　　　　　　)

(7) 太った 　＿＿＿＿＿＿　　(8) 〜を含む 　＿＿＿＿＿＿＿

(9) とても小さい 　＿＿＿＿＿　　(10) 投げる 　＿＿＿＿＿＿＿

2 重要単語

(5)似たような言葉に
person「（1人の）人」，
people「人々」などが
ある。使い分けに注意
しよう。

(9)反対の意味の語は
huge。

🎵よく出る **3** 次の日本文にあうように，＿＿に適する語を書きなさい。

(1) 私たちは膨大な量の水が必要です。

　We need a huge ＿＿＿＿＿＿ ＿＿＿＿＿＿ water.

(2) 私たちにとって朝食は重要であると言われています。

　＿＿＿＿＿ ＿＿＿＿＿ ＿＿＿＿＿ that breakfast

　is important for us.

(3) 3年後，彼は歌手になりました。

　＿＿＿＿＿ ＿＿＿＿＿ ＿＿＿＿＿, he became a singer.

(4) 私のイヌはあなたのイヌの3倍の大きさです。

　My dog is ＿＿＿＿＿＿＿＿＿＿ as big as yours.

3 重要表現

(2)伝聞を表すときの表
現。

(3)「〜後」は，「あとで，
あとに」を表す副詞を
使う。

(4)何倍かを表すときは
比較の表現を使う。

**4 関係代名詞
which（目的格）**

〈関係代名詞＋主語＋
動詞〉の形で先行詞（も
の・事がら）を説明す
るときは関係代名詞
which を使う。

ミス注意！ **4** 次の2文を，which を使って1文にしなさい。また，完成した文を日本語になおしなさい。

(1) Look at the bike. I bought it last year.

　＿＿＿＿＿＿＿＿＿＿＿＿＿＿＿＿＿＿＿＿＿＿＿

　(　　　　　　　　　　　　　　　　　　　　　　)

(2) Is this a cake? She made it for you.

　＿＿＿＿＿＿＿＿＿＿＿＿＿＿＿＿＿＿＿＿＿＿＿

　(　　　　　　　　　　　　　　　　　　　　　　)

(3) These are balls. He uses them every day.

　＿＿＿＿＿＿＿＿＿＿＿＿＿＿＿＿＿＿＿＿＿＿＿

　(　　　　　　　　　　　　　　　　　　　　　　)

ポイント

2文を1文にする問題

・第2文で第1文と同
じものを関係代名詞
に置きかえる。

・関係代名詞を第2文
の文頭に出し，第1
文の先行詞の直後に
置く。

5 次の英文を読んで，あとの問いに答えなさい。

① [to / are / the garbage patches / sea animals / harmful]. ② They often (　　　) (　　　) (　　　) fishing nets on the surface and cannot escape. They also eat small plastic pieces by mistake because these pieces look like their food. ③ The plastics that humans throw away kill many sea animals every year.

(1) 下線部①が「ごみベルトは海の生物にとって有害です。」という意味になるように，[　]内の語句を並べかえなさい。

____

(2) 下線部②が「それらはしばしば水面の魚網につかまえられます」という意味になるように，(　)に適する語を書きなさい。

__________ __________ __________

(3) 下線部③を日本語になおしなさい。
(　　　　　　　　　　　　　　　　　　　　)

6 次の[　]内の語句を並べかえて，日本文にあう英文を書きなさい。

(1) あれらは私が栽培した花です。
[the flowers / that / those / I / grew / are].

____

(2) 彼が，私が駅で見かけた作家です。
[I / the writer / at / is / the station / he / saw / that].

____

(3) あなたがもっとも好きな歌手はだれですか。
[you / the best / who / like / the singer / is / that]?

____

7 次の各文で，関係代名詞が省略されている位置の記号を１つ選び，○で囲みなさい。

(1) I know ア the boy イ you ウ helped エ yesterday.
(2) Are these ア the dolls イ she ウ made エ for you?
(3) The dictionary ア he イ uses ウ is エ very useful.
(4) Did Emma give ア you イ cookies ウ she made エ?

8 次の日本文を英語になおしなさい。

(1) あれはジム(Jim)が建てた家です。(関係代名詞whichを使って)

____

(2) 私が昨日会った女性は親切でした。　(関係代名詞を省略して)

____

5 本文の理解

(1)まず日本文にあう主語を見つける。
(3) that〜away が The plastics を説明している。

6 関係代名詞 that(目的格)

ポイント
〈that＋主語＋動詞〉が先行詞を説明する文を作る。

(1)「私が栽培した」が「花」を修飾。
(2)「私が駅で見かけた」が「作家」を修飾。
(3)「あなたがもっとも好きな」が「歌手」を修飾。

7 目的格の省略

ミス注意！
・目的格の関係代名詞は先行詞と主語の間に入る。
・〈名詞＋主語＋動詞〉の語順になっているところをさがす。

8 英作文

(1)「ジムが建てた」が「家」を修飾。
(2)目的格の関係代名詞は省略できる。「私が昨日会った」が「女性」を修飾。

テストに出る！
予想問題

PROGRAM 6
The Great Pacific Garbage Patch

⏱ 30分

/100点

🎵 **1** 英文と質問を聞き，その答えとして適する絵を1つ選び，記号で答えなさい。　🎵 a19　〔4点〕

ア　イ　ウ　エ

(　　　)

🎵 **2** 対話と質問を聞いて，その答えとして適するものを1つ選び，記号で答えなさい。　🎵 a20

ア　Yes, she did.　　　　　　イ　No, she didn't.　　　　〔4点〕

ウ　She bought a new bag.　　エ　She wants a bigger bag.　(　　　)

3 次の日本文にあうように，＿＿に適する語を書きなさい。　4点×4〔16点〕

(1) 道にごみを捨ててはいけません。

You must not ＿＿＿＿＿＿ ＿＿＿＿＿＿ garbage on the street.

(2) ミホはアキラよりうまく縄跳びができます。

Miho can do *nawatobi* ＿＿＿＿＿＿ ＿＿＿＿＿＿ Akira.

(3) 睡眠がすべての中でもっとも大事だという人もいます。

＿＿＿＿＿＿ people say ＿＿＿＿＿＿ sleeping is the most important of all.

(4) 私たちはどのようにしてごみを減らしたらよいか考えるべきです。

We should think about ＿＿＿＿＿＿ ＿＿＿＿＿＿ ＿＿＿＿＿＿ garbage.

4 次の各組の文がほぼ同じ内容を表すように，＿＿に適する語を書きなさい。　4点×3〔12点〕

(1) { History is the subject taught by Ms. Ogata.
　　 History is the subject ＿＿＿＿＿＿ Ms. Ogata ＿＿＿＿＿＿.

(2) { I like summer the best.
　　 Summer is the season that ＿＿＿＿ ＿＿＿＿ ＿＿＿＿ ＿＿＿＿.

(3) { I have never seen such a beautiful mountain.
　　 This is the most beautiful mountain ＿＿＿＿＿＿ I ＿＿＿＿＿＿ ever seen.

5 下線部が省略できるときは○を，省略できないときは×を(　)に書きなさい。4点×5〔20点〕

(1) Ms. Smith is a teacher that teaches us English.　　　(　　　)

(2) This is a watch which my grandfather bought for me.　(　　　)

(3) Hiroshi is the first student that came here.　　　　　(　　　)

(4) The song which he sang at the concert is very cool.　(　　　)

(5) Mari is a girl that is good at playing tennis.　　　　(　　　)

6 次の英文を読んで，あとの問いに答えなさい。　4点×4〔16点〕

①The cleanup system Boyan invented collects plastic trash in the ocean. ②(巨大なスクリーンは海の生物を傷つけないでプラスチックをつかまえます。)

③"〔 we all / want / a future / is / better / don't / than / that / the present 〕?" Boyan said. "We can actually make things better again, and we can do this, and we ④(must / may) do this, and we will do this."

(1) 下線部①を日本語になおしなさい。

(　　　　　　　　　　　　　　　　　　　　　　　　　　　　　　　　　　)

(2) 次の英文が下線部②の意味になるように，＿＿に適する語を書きなさい。

Huge screens catch the plastic ＿＿＿＿＿＿ ＿＿＿＿＿＿ sea animals.

(3) 下線部③が「私たちみんなが，今よりもよい未来を望みませんか。」という意味になるように，〔　〕内の語句を並べかえなさい。

_____

(4) ④の（　）のうち，文脈に適するほうを選びなさい。　＿＿＿＿＿＿＿

7 〔　〕内の語句を並べかえて，日本文にあう英文を書きなさい。　4点×4〔16点〕

(1) これはあなたが毎日使っている自転車ですか。

〔 this / that / use / the bike / you / is / every day 〕?

_____

(2) タケダ先生は私がとても好きな先生です。

〔 the teacher / Mr. Takeda / is / like / I / very much 〕.

_____

(3) ニューヨークは私がいつか訪れたい都市です。　（1語不足）

〔 a city / New York / visit / want / to / I / someday 〕.

_____

(4) 私が昨日公園で会った友人はマキではありません。　（1語不要）

〔 isn't / saw / Maki / I / the friend / which / in the park / yesterday 〕.

_____

8 次のようなとき，英語でどのように言うか。関係代名詞を使って書きなさい。　4点×3〔12点〕

(1) 今まで見た中でこれがいちばんおもしろい映画だと言うとき。

(2) 相手に，京都でとった写真(the pictures)を見せてほしいと言うとき。　（Showで始めて）

(3) 相手に，自分が作ったケーキがおいしかったかをたずねるとき。

_____

41

ディスカッションをしよう 〜 非常時のアナウンスを聞こう

テストに出る！ ココが要点＆チェック！

分詞，関係代名詞の復習

教 p.84〜p.90

1 分詞

 →★(1)

「〜している…」と言うときは**現在分詞**（動詞の -ing 形），「〜されている[た]…」と言うときは**過去分詞**を修飾する名詞のあとに置く。1 語の分詞で名詞を修飾するときは名詞の前に置く。

現在分詞

現在分詞
This is *the only library* **having** all her books in Japan.
　　　　　説明◀────────┘　彼女のすべての本を所有している

これは彼女のすべての本を所有している日本で唯一の図書館です。

過去分詞

過去分詞
About 90 percent of *uchiwa* **used** in Japan is made in this city.
　　　　　　　　　説明◀────┘　日本で使われている

日本で使われているうちわの約 90%はこの市で作られています。

2 関係代名詞

 →★(2)(3)

名詞をあとから文の形で説明するときは関係代名詞を使う。関係代名詞は先行詞と関係代名詞以下の文の中の働きにより**主格**(who, which, that)，**目的格**(which, that)を使い分ける。

主格

〈関係代名詞＋動詞（＋目的語）〉→関係代名詞が主語の働き（主格）
The person **who** built this school did many things for the children.
先行詞＝人◀────────┘　この学校を建てた人　この学校を建てた人は子どもたちのために多くのことをしました。
　　説明

目的格

〈関係代名詞＋主語＋動詞〉→関係代名詞が目的語の働き（目的格）
The vegetables **that[which]** the restaurant uses are very popular in Japan.
先行詞＝もの◀────────┘　そのレストランが使う野菜
　　説明

そのレストランが使う野菜は日本でとても人気があります。

関係代名詞の省略

〈関係代名詞＋主語＋動詞〉→目的格の関係代名詞は省略できる
Takokichi is *a local takoyaki shop* (**that[which]**) everyone loves.
先行詞＝もの◀────────┘　みんなが大好きな地元のたこ焼き屋
　　説明

タコキチはみんなが大好きな地元のたこ焼き屋です。

☆チェック！　日本文にあうように，（　）内から適する語句を選びなさい。

1 □ (1) Look at that (crying / cried) baby. 　　あの泣いている赤ちゃんを見てください。

2 □ (2) I know the boy (who / which) is cleaning. 　私は掃除をしている男の子を知っています。

□ (3) English is a subject (I like / I like it). 　英語は私が好きな科目です。

テスト対策問題

テスト対策 ナビ

🎵 リスニング

♪ a21

1 対話と質問を聞いて，その答えとして適するものを１つ選び，記号で答えなさい。

ア Judy　イ Eito　ウ Judy's father　エ Bob

（　　）

2 (1)〜(4)は単語の意味を書き，(5)，(6)は日本語を英語にしなさい。

(1) excellent （　　　　　）　　(2) emotional （　　　　　　）

(3) explanation（　　　　　）　　(4) south （　　　　　　）

(5) 東（の）　＿＿＿＿＿＿　　(6) grow の過去分詞形 ＿＿＿＿＿＿

2 重要単語
(4)(5)方位を表す語。4方位とも名詞，形容詞として使う。

よく出る **3** 次の日本文にあうように，＿＿に適する語を書きなさい。

(1) それについてはちょっとよくわかりません。

I'm ＿＿＿＿＿＿ ＿＿＿＿＿＿ about that.

(2) 私はいつも子どものことを考えています。

I think about my child ＿＿＿＿＿ the ＿＿＿＿＿.

(3) 彼ら全員があなたの考えに賛成しました。

All of them ＿＿＿＿＿ ＿＿＿＿＿ your idea.

(4) 彼は医師でもあり，教師でもあります。

He is ＿＿＿＿＿ a doctor ＿＿＿＿＿ a teacher.

3 重要表現
(1)確信がもてないときの言い方で，I don't know. よりもやわらかい伝え方。

(4)「AとBの両方」を表す言い方。

4 次の各組の文がほぼ同じ内容を表すように＿＿に適する語を書きなさい。ただし，関係代名詞 that 以外を使うこと。

(1) { Do you know the sleeping girl?

Do you know the girl ＿＿＿＿ ＿＿＿＿ ＿＿＿＿? }

ミス注意! (2) { This is a letter written by him.

This is a letter ＿＿＿＿ ＿＿＿＿ written by him.

This is a letter ＿＿＿＿ he ＿＿＿＿. }

4 分詞・関係代名詞
(1)(2)分詞→関係代名詞の書きかえ。
(2)は関係代名詞の主格と目的格を使うパターン。1つ目の書きかえの文は受け身にする。

5 次の英文を日本語になおしなさい。

(1) I use a bag that my father gave me.

（　　　　　　　　　　　　　　　　　　　　　）

(2) Who is the man taking pictures over there?

（　　　　　　　　　　　　　　　　　　　　　）

5 分詞・関係代名詞
(1) that は目的格の関係代名詞。that 以下が bag を説明。
(2)現在分詞は「〜している…」と名詞をあとから説明する。

テストに出る！

予想問題

Steps 5 〜 Power-Up 4
ディスカッションをしよう 〜 非常時のアナウンスを聞こう

⏱ 30分

/100点

1 3つの英文を聞いて、それぞれの内容にあう人物を絵から選び、記号で答えなさい。 ♪ a22

5点×3〔15点〕

(1) (   )

(2) (   )

(3) (   )

2 ( )内の語を適する形にかえて＿＿に書きなさい。 2点×5〔10点〕

(1) This is a book Soseki ＿＿＿＿＿＿＿. (write)

(2) The dog ＿＿＿＿＿＿＿ Ichi is good at swimming. (call)

(3) Can you see the man ＿＿＿＿＿＿＿ by the door? (stand)

(4) This is the song which always ＿＿＿＿＿＿＿ me sad. (make)

(5) The man ＿＿＿＿＿＿＿ the computer is Mr. Okada. (use)

3 次の日本文にあうように、＿＿に適する語を書きなさい。 3点×4〔12点〕

(1) 彼の説明はよかったです。たとえば、彼は大きな声ではっきり話しました。

His explanation was good. ＿＿＿＿＿＿＿ ＿＿＿＿＿＿＿, he spoke in a big and clear voice.

(2) あなたはごみ問題についてどう思いますか。

＿＿＿＿＿＿＿ do you think ＿＿＿＿＿＿＿ the problem of garbage?

(3) お知らせいたします。 Your ＿＿＿＿＿＿＿, please.

(4) その店は 13 階のエレベーターの隣にあります。

The shop is ＿＿＿＿＿ the 13th floor, ＿＿＿＿＿＿＿ ＿＿＿＿＿＿＿ the elevator.

4 次の文の( )内から正しいものを1つ選び、記号に〇をつけなさい。 3点×6〔18点〕

(1) Do you know the name of that animal (ア running イ is running ウ runs) over there?

(2) I got a birthday card (ア which wrote イ which is writing ウ written) in English.

(3) The man (ア who met イ I met ウ that met) at the store was kind.

(4) I want to live in a house (ア which has イ had ウ which is) a large garden.

(5) Mr. Green is a teacher (ア who teach イ who teaches ウ teaches) English.

(6) This is the most interesting book (ア who イ what ウ that) I have ever read.

5 次の対話文を読んで，あとの問いに答えなさい。 〔21点〕

> *Gen:* ① *Takoyaki* is a Japanese ball-shaped snack people often eat. It has a piece of octopus in it.
>
> *Sakura:* ②（私にも食べさせてください。） Mmm, it tastes good! Where can I get this?
>
> *Gen:* At Takozo. ③ [loves / is / a local *takoyaki* shop / Takozo / everyone]. ④ It served *takoyaki* to hungry people after the war.

(1) 下線部①を日本語になおしなさい。 〈6点〉

( )

(2) 次の英文が下線部②の意味になるように，____ に適する語を書きなさい。 〈5点〉

_____ _____ try.

(3) 下線部③が「タコゾウはみんなが大好きな地元のたこ焼き屋です。」という意味になるように，〔 〕内の語句を並べかえなさい。 〈5点〉

_____

(4) 下線部④を It の内容を明らかにして日本語になおしなさい。 〈5点〉

( )

6 〔 〕内の語句を並べかえて，日本文にあう英文を書きなさい。 4点×4〔16点〕

(1) ユミと踊っている少女はケイト(Kate)です。 （1語不要）

[is / with / Kate / the girl / Yumi / dancing / who].

_____

(2) この人が私が昨日そこで見た男性です。

[I / the man / there / this / saw / is / yesterday].

_____

(3) そのネコはバナナを食べた唯一の動物です。

[is / animal / the cat / ate / bananas / the only / that].

_____

(4) 彼女は私が彼女にあげたカップを使っていました。

[the cup / she / I / which / gave / was / her / using / to].

_____

7 次の日本文を英語になおしなさい。 4点×2〔8点〕

(1) 彼が買った本は私にはとても難しかったです。 （関係代名詞 that を使って）

_____

(2) カナダ(Canada)で使われている言語は何ですか。 （分詞を使って）

_____

Is AI a Friend or an Enemy?

テストに出る！ **ココが要点＆チェック！**

仮定法過去

1 〈If＋主語＋be 動詞〉の場合

(1)(2)(3)

「もし〜なら，…だろうに[できるだろうに]」と現在の事実と違うことを仮定する場合は，〈If＋主語＋be 動詞の過去形，主語＋would[could]＋動詞の原形〉の形で表す。

カンマを入れる◀ ▶「〜だろうに」，助動詞も過去形に

If I [were] you, I [would] ask someone to help.

▶be 動詞を were に
▶「もし〜ならば」，実際とは異なる仮定
　実際は「私」は「あなた」ではない

もし私があなただったら，だれかに手伝ってもらうように頼むだろうに。
（実際は，私はあなたではなく，手伝ってくれるよう頼んでもいない）

― 仮定法の If 〜 ―

▶現実とは異なることを仮定するとき，現在のことでも過去形で表す。

▶仮定法 If 〜では，主語の人称や数に関係なく be 動詞は were を使う。
ただし，話しことばの場合は I や三人称単数で was を使用することもある。

If I were a cat, I could be free.　もし私がネコだったら，私は自由でいられるだろうに。
（実際は私はネコではなく，自由でもない）

― 条件を表す If 〜 ―

▶現実に起こる可能性があることを言うとき（条件），未来のことでも現在形で表す。

If you don't eat now, you will be hungry later.　今食べておかないと，あとでおなかがすくでしょう。
If it rains tomorrow, I won't play soccer.　もし明日雨が降ったら，私はサッカーをしないでしょう。

2 〈If＋主語＋一般動詞〉の場合

(4)(5)(6)

「もし〜すれば，…だろうに[できるだろうに]」と仮定する場合は，〈If＋主語＋一般動詞の過去形，主語＋would[could]＋動詞の原形〉の形で表す。

▶「〜だろうに」，助動詞も過去形に

If I [had] some snacks, I [would] feel better.

▶動詞を過去形に
▶「もし〜ならば」，実際とは異なる仮定
　実際はおやつを持っていない

もし私がいくらかおやつを持っていたら，より気分がよいだろうに。
（実際は，私はおやつを持っていなくて，気分もよくない）

〈I wish＋主語＋(助)動詞の過去形〉

3 〈I wish＋主語＋(助)動詞の過去形〉

→★(7)(8)(9)

「〜ならいいのに」と現在の事実とは異なる願望を表現する場合は，〈I wish＋主語＋(助)動詞の過去形〉の形で表す。話し手の残念な気持ちを表すこともある。

〈主語＋動詞[助動詞]の過去形〉の形

I wish I had a camera with me. 私がカメラを持っていればなあ。
　► 実際とは異なる願望。実際はカメラを持っていない
　► 動詞を過去形

I wish I were a high school student. 私が高校生だったらいいのに。
　► 実際とは異なる願望。実際は高校生ではない
　► be 動詞は主語や人称にかかわらず were を使うことが多い

I wish my father would buy a guitar for me. 父が私にギターを買ってくれたらいいのに。
　► 実際とは異なる願望。実際は父は私にギターを買ってくれない
　► 助動詞を過去形にする

・ I hope 〜. と I wish 〜. ・

▶ I hope 〜. も「〜ならいいなあ」を意味するが，hope は " 実現可能な " 願望を表すときに使う。

▶ I hope〜. の文では仮定法は使用しない。

I hope he can come. 　（彼が来られたらいいなあ）← 彼が来る可能性があると思っている。
I wish he could come. （彼が来られたらいいのに）← 彼は来ておらず，また彼が来ないと思っている。

☆チェック!　日本文にあうように，(　)内から適する語を選びなさい。

1
- □ (1) If I (was / were) a bird, I (can / could) fly. もし私が鳥だったら，飛べるだろうに。
- □ (2) If they (are / were) here, they (will / would) be surprised.
　　　　　　　　　　　　　　　　　　　もし彼らがここにいたら，驚くだろうに。
- □ (3) If he (are / were) not kind, I (will / would) not be happy.
　　　　　　　　　　　　　　　　もし彼が親切ではなかったら，私は幸せではないだろうに。

2
- □ (4) If I (can / could) speak English, I (will / would) talk to her.
　　　　　　　　　　　　　　　　　　もし私が英語が話せたら，彼女に話しかけるだろうに。
- □ (5) If she (has / had) enough money, she (will / would) buy a new bag.
　　　　　　　　　　　　　　　　もし彼女が十分なお金を持っていたら，新しいバッグを買うだろうに。
- □ (6) If it (doesn't / didn't) rain, I (can / could) walk home.
　　　　　　　　　　　　　　　　　　もし雨が降らなければ，歩いて家に帰れるだろうに。

3
- □ (7) I wish I (could / can) run faster. 私がもっと速く走れたらいいのに。
- □ (8) I wish she (will / would) help me. 彼女が私を手伝ってくれたらいいのに。
- □ (9) I wish I (am / were) a singer. 私が歌手だったらいいのに。

☆チェック! の答えは次ページ ➡ **47**

テスト対策問題

テスト対策✵ナビ

🎵 リスニング

♪ a23

1 英文を聞いて，その現在の事実の内容にあう絵を１つ選び，記号で答えなさい。

ア　イ　ウ　エ

（　　　）

2 (1)〜(6)は単語の意味を書き，(7)〜(10)は日本語を英語にしなさい。

(1) exam （　　　　　）　(2) various （　　　　　）

(3) ability （　　　　　）　(4) select （　　　　　）

(5) patient （　　　　　）　(6) unbelievable （　　　　　）

(7) すぐに，速く ＿＿＿＿＿＿　(8) 提案する，すすめる ＿＿＿＿＿＿

(9) 深い ＿＿＿＿＿＿　(10) 敵，敵対者 ＿＿＿＿＿＿

3 次の日本文にあうように，＿＿に適する語を書きなさい。

(1) 私たちは休憩しました。

　　We ＿＿＿＿＿ ＿＿＿＿＿ ＿＿＿＿＿.

(2) 私は部屋をきれいに掃除しなければなりません。

　　I have to ＿＿＿＿＿ ＿＿＿＿＿ my room.

(3) 私はお気に入りの歌手と握手したいです。

　　I want to ＿＿＿＿＿ ＿＿＿＿＿ ＿＿＿＿＿

　my favorite singer.

(4) 彼がどこにいるかだれも知りません。

　　＿＿＿＿＿ ＿＿＿＿＿ where he is.

4 〔　〕内の語句を並べかえて，日本文にあう英文を書きなさい。

(1) もし私がひまなら，あなたを手伝うことができるのに。

　〔 you / if / help / were / could / free / , / I / I 〕.

　＿＿＿＿＿＿＿＿＿＿＿＿＿＿＿＿＿＿

(2) もし私が彼なら，そんなことはしないだろうに。

　〔 him / I / , / if / wouldn't / were / do / such / I / a / thing 〕.

　＿＿＿＿＿＿＿＿＿＿＿＿＿＿＿＿＿＿

(3) もし彼女がここにいたら，私に賛成するだろうに。

　〔 she / she / if / here / would / agree / me / were / , / with 〕.

　＿＿＿＿＿＿＿＿＿＿＿＿＿＿＿＿＿＿

右段

2 重要単語

(6)単語の頭に un がつくと打ち消しの意味になる。

3 重要表現

(1)「休憩」を意味する名詞 break は動詞では「壊れる，壊す」。

(3)お互いの手で握手するので hand は複数形にする。

(4)「だれも〜ない」という代名詞を使う。この語は三人称単数の扱いなので，現在の文ではあとにくる動詞には -(e)s をつける。

4 仮定法過去〈If＋主語＋be 動詞〉

ポイント

「もし〜なら，…だろうに」の表し方
〈If＋主語＋be 動詞の過去形, 主語＋would［could］＋動詞の原形〉

・仮定法過去の If 〜 の文で be 動詞は，主語の人称や数にかかわらず were を使うことが多い。

p.47 答　(1)were, could　(2)were, would　(3)were, would　(4)could, would　(5)had, would
(6)didn't, could　(7)could　(8)would　(9)were

5 次の対話文を読んで，あとの問いに答えなさい。

5 本文の理解

Daniel:	① 〔 are / what / searching / you / for 〕, Mom?
Helen:	I want to buy a new vacuum cleaner but ②（どの掃除機を買えばよいか決められません）.
Daniel:	③ If I were you, I would buy a robot vacuum cleaner.

(1) 下線部①が「あなたは何をさがしているのですか，おかあさん。」という意味になるように，〔　〕内の語を並べかえなさい。

_____, Mom?

(2) 次の英文が下線部②の意味になるように，＿＿に適する語を書きなさい。

cannot decide _____ one _____ _____

(3) 下線部③の英文を日本語になおしなさい。

(　　　　　　　　　　　　　　　　　　　　　　　　　　　）

(1)現在進行形の疑問文。
(2)文の中に〈疑問詞＋to 不定詞〉が入る形。
(3)仮定法過去の文。現在の事実と異なることを仮定している。

6 次の英文の＿＿に，（　）内の語を適する形にかえて書きなさい。

(1) If I _____ his idea, I would agree with him.　（know）

(2) If you had much money, you _____ buy a house.　（can）

(3) If she _____ to my house, she would be surprised at my new car.　（come）

(4) If I didn't have the smartphone, I _____ get to the Ueno Zoo.　（can't）

6 仮定法過去〈If＋主語＋一般動詞〉

ポイント

「もし〜すれば，…だろうに」の表し方
〈If＋主語＋一般動詞の過去形，主語＋would〔could〕＋動詞の原形〉

7 次の英文を I wish を用いて「〜ならいいのに」という文に書きかえなさい。

(1) I live in Hawaii.

_____

(2) I have the newest computer.

_____

(3) She is my teacher.

_____

7 〈I wish＋主語＋（助）動詞の過去形〉

ポイント

・現在の事実とは異なる願望を表すときは〈I wish＋主語＋（助）動詞の過去形〉の形にする。
・I wish〜. の文には話し手の残念な気持ちもこめられている。

8 次の日本文を英語になおしなさい。

(1) 私が王女（princess）だったらいいのに。

_____

(2) もし私がもっと若かったなら，あなたを手伝うことができるのに。

_____

8 英作文

(1)I wish で文を始め，そのあとに〈主語＋（助）動詞の過去形〉の形を続ける。
(2)If を使った仮定法過去の文。

PROGRAM 7
Is AI a Friend or an Enemy?

⏱ 30分　/100点

1 (1)，(2)の絵について，それぞれア〜ウの英文を聞き，内容を適切に表しているものを１つずつ選び，記号で答えなさい。　♪ a24　2点×2〔4点〕

(1)　(　　)　　(2)　(　　)

2 対話と質問を聞いて，その答えとして適するものを１つ選び，記号で答えなさい。　♪ a25

ア　Yes, he does.　　　　イ　No, he doesn't.　　　〔2点〕

ウ　Yes, he would.　　　エ　No, he wouldn't.　　(　　)

3 次の日本文にあうように，＿＿に適する語を書きなさい。　4点×5〔20点〕

(1)　私たちは彼をさがしているところです。　（最初の空所は s で始まる単語で）

　　We are ＿＿＿＿＿＿＿＿ ＿＿＿＿＿＿＿＿ him.

(2)　ところで，あなたはどのかばんを選びますか。

　　＿＿＿＿＿＿＿ ＿＿＿＿＿＿＿ ＿＿＿＿＿＿, which bag will you choose?

(3)　先生は私に何をしたらよいか教えてくれました。

　　My teacher told me ＿＿＿＿＿＿＿ ＿＿＿＿＿＿ do.

(4)　一方，彼はあなたに賛成しました。

　　＿＿＿＿＿＿ ＿＿＿＿＿＿ ＿＿＿＿＿＿ ＿＿＿＿＿, he agreed with you.

(5)　これから暑くなります。

　　It will get hot ＿＿＿＿＿＿＿ ＿＿＿＿＿＿＿ ＿＿＿＿＿＿.

4 次の文を仮定法過去の文に書きかえなさい。　4点×5〔20点〕

(1)　Because I'm not a student, I can't join the tennis club.

　　＿＿＿＿＿＿＿＿＿＿＿＿＿＿＿＿＿＿＿＿＿＿＿＿＿＿＿＿＿＿

(2)　Because I don't have one more bike, I can't lend it to you.

　　＿＿＿＿＿＿＿＿＿＿＿＿＿＿＿＿＿＿＿＿＿＿＿＿＿＿＿＿＿＿

(3)　Because I'm not there, I can't enjoy the game.

　　＿＿＿＿＿＿＿＿＿＿＿＿＿＿＿＿＿＿＿＿＿＿＿＿＿＿＿＿＿＿

(4)　Because I'm not young, I won't go abroad to study.

　　＿＿＿＿＿＿＿＿＿＿＿＿＿＿＿＿＿＿＿＿＿＿＿＿＿＿＿＿＿＿

やや難 (5)　Because I'm not her, I can't do it well.

　　＿＿＿＿＿＿＿＿＿＿＿＿＿＿＿＿＿＿＿＿＿＿＿＿＿＿＿＿＿＿

5 次の英文を読んで，あとの問いに答えなさい。　　　　　　　　　　4点×6〔24点〕

①AI makes our lives more convenient.　②〔 people / AI / do / wish / would / everything / for / some / them 〕. However, we should know （　③　） the good （　④　） bad points of it. In the medical field, for example:

・⑤(AIは人間よりじょうずに速く，がんのような病気を見つけるかもしれません。)
・AI may do operations ⑥(correctly)than humans.

(1)　下線部①を日本語になおしなさい。

　　（　　　　　　　　　　　　　　　　　　　　　　　　　　　　　　　　　　　）

(2)　下線部②が「AIが自分たちのためにすべてのことをやってくれればいいのにと考える人もいます。」という意味になるように，〔　〕内の語を並べかえなさい。

　　＿＿＿＿＿＿＿＿＿＿＿＿＿＿＿＿＿＿＿＿＿＿＿＿＿＿＿＿＿＿＿＿＿＿＿＿

(3)　③，④の（　）に適する語を書きなさい。　③＿＿＿＿＿＿＿＿　④＿＿＿＿＿＿＿＿

(4)　次の英文が下線部⑤の意味になるように，＿＿に適する語を書きなさい。

　　AI ＿＿＿＿＿＿＿ find diseases ＿＿＿＿＿＿＿ cancer ＿＿＿＿＿＿＿ and faster ＿＿＿＿＿＿＿ humans.

(5)　⑥の（　）内の語を適する形にしなさい。　　＿＿＿＿＿＿＿＿＿＿＿＿＿＿

6 〔　〕内の語句を並べかえて，日本文にあう英文を書きなさい。　　4点×3〔12点〕

(1)　もし私が彼の電話番号を知っていれば，彼に電話することができるのに。

　　〔 call / phone number / knew / if / , / I / I / could / him / his 〕.

　　＿＿＿＿＿＿＿＿＿＿＿＿＿＿＿＿＿＿＿＿＿＿＿＿＿＿＿＿＿＿＿＿＿＿＿＿

(2)　もし私が忙しくなければ，彼女に手紙を書くことができるのに。

　　〔 , / her / could / to / weren't / I / if / I / busy / write 〕.

　　＿＿＿＿＿＿＿＿＿＿＿＿＿＿＿＿＿＿＿＿＿＿＿＿＿＿＿＿＿＿＿＿＿＿＿＿

(3)　もし彼女に時間があれば，ケーキを作るだろうに。

　　〔 she / make / would / if / , / had / a cake / time / she 〕.

　　＿＿＿＿＿＿＿＿＿＿＿＿＿＿＿＿＿＿＿＿＿＿＿＿＿＿＿＿＿＿＿＿＿＿＿＿

7 次の日本文を仮定法過去の英文になおしなさい。　　　　　　　　6点×3〔18点〕

(1)　もっと速く走れたらいいのに。　（6語で）

　　＿＿＿＿＿＿＿＿＿＿＿＿＿＿＿＿＿＿＿＿＿＿＿＿＿＿＿＿＿＿＿＿＿＿＿＿

(2)　もし私がお腹がすいていれば，それらすべてを食べられるのに。　（10語で）

　　＿＿＿＿＿＿＿＿＿＿＿＿＿＿＿＿＿＿＿＿＿＿＿＿＿＿＿＿＿＿＿＿＿＿＿＿

(3)　もし彼らがもっと一生懸命に練習すれば，試合(the game)に勝つだろうに。

　　＿＿＿＿＿＿＿＿＿＿＿＿＿＿＿＿＿＿＿＿＿＿＿＿＿＿＿＿＿＿＿＿＿＿＿＿

Reading 2

Malala's Voice for the Future

テストに出る！ **ココ** が **要点** & **チェック！**

さまざまな文の形（復習）

教 p.101，p.102

1 「〜を…と呼ぶ」の文 → ★(1)

「〜を…と呼ぶ」と言うときは，〈call＋〜（人など）＋…（名前，呼び方など）〉の形で表す。

The U.N. called [the day] Malala Day.　　国際連合はその日をマララ・デーと呼びました。

目的語◀　　▶補語＝名詞
　　　　the day ＝ Malala Day の関係

2 「〜を…（の状態）にする」の文 → ★(2)

「〜を…（の状態）にする」と言うときは，〈make＋〜（人など）＋…（形容詞）〉の形で表す。

Malala's blog made [the Taliban] very angry.

目的語◀　　　▶補語＝形容詞
　　　the Taliban ＝ very angry の関係

マララのブログはタリバンをとても怒らせました。

後置修飾（復習）

教 p.101，p.103

3 分詞の後置修飾 「〜している…」「〜された…」 → ★(3)

名詞に2語以上で説明を加えるとき，名詞の直後に〈現在分詞(-ing)＋語句〉や〈過去分詞＋語句〉を置く。

現在分詞 「〜している…」
All the people listening to her speech were deeply moved by her words.

説明◀　　　彼女のスピーチを聞いているすべての人は彼女のことばに深く感動しました。

4 不定詞の後置修飾 → ★(4)

不定詞が前にある名詞の内容を具体的に説明して「〜という…」という意味になることがある。

She became *the youngest person in history* to receive the prize.

説明◀　　　〈to＋動詞の原形〉「〜という…」←形容詞的用法の一種

彼女は歴史上もっとも若い受賞者（賞を受けとる人）になりました。

☆チェック！　日本文にあうように，（　）内から適する語句を選びなさい。

1 □ (1) My father calls (Mikki me / me Mikki).　　私の父は私をミッキと呼びます。

2 □ (2) The song made (happy me / me happy).　　その歌は私を幸せにしました。

3 □ (3) I know the girl (standing / to stand) there.　　私はそこに立っている少女を知っています。

4 □ (4) I have a plan (learning / to learn) Chinese.　　私には中国語を習うという計画があります。

テスト対策問題

1 (1)〜(6)は単語の意味を書き，(7)〜(10)は日本語を英語にしなさい。

(1) solution （　　　　　）　(2) freedom （　　　　　）

(3) miserable （　　　　　）　(4) immediately （　　　　　）

(5) recover （　　　　　）　(6) silent （　　　　　）

(7) 効果的な, 有効な ＿＿＿＿＿＿　(8) 集団，一団 ＿＿＿＿＿＿

(9) 隠す ＿＿＿＿＿＿　(10) 意見 ＿＿＿＿＿＿

1 重要単語
(2)この語は名詞。形容詞は free，副詞は freely。

よく出る 2 次の日本文にあうように，＿＿に適する語を書きなさい。

ミス注意! (1) 私は札幌で生まれました。

I ＿＿＿＿＿＿ ＿＿＿＿＿＿ in Sapporo.

ミス注意! (2) 彼らはその映画に感動しました。

They ＿＿＿＿＿＿ ＿＿＿＿＿＿ ＿＿＿＿＿＿ the movie.

(3) 私はコーヒーの代わりに紅茶を飲みました。

I had tea ＿＿＿＿＿＿ ＿＿＿＿＿＿ coffee.

(4) あなたといっしょに行かせてください。

＿＿＿＿＿＿ ＿＿＿＿＿＿ ＿＿＿＿＿＿ with you.

2 重要表現
(1)(2)受け身の形で表す。
(3)前置詞の of を使う。
(4)「〜に…させてやる」は〈let＋人＋動詞の原形〉。

3 〔 〕内の語句を並べかえて，日本文にあう英文を書きなさい。

(1) 彼らはあの花を何と呼びますか。

〔 they / what / do / call / flower / that 〕?

＿＿＿＿＿＿＿＿＿＿＿＿＿＿＿＿＿＿＿＿

(2) その知らせは彼女を悲しませました。

〔 her / the news / made / sad 〕.

＿＿＿＿＿＿＿＿＿＿＿＿＿＿＿＿＿＿＿＿

(3) その本が彼を有名にしたのですか。

〔 make / the book / famous / did / him 〕?

＿＿＿＿＿＿＿＿＿＿＿＿＿＿＿＿＿＿＿＿

3 「〜を…と呼ぶ」「〜を…(の状態)にする」

おぼえよう！
・〈call＋〜（人など）＋…〉
→ 〜を…と呼ぶ
・〈make＋〜（人など）＋…（形容詞）〉
→ 〜を…（の状態）にする

(1)疑問詞 what が〈call 〜 …〉の文の…の部分になることに注意する。

4 次の各組の文がほぼ同じ内容を表すように，＿＿に適する語を書きなさい。

(1) { He can read English books.
　　 He can read books ＿＿＿＿＿＿ ＿＿＿＿＿＿ English.

(2) { I have an aunt. She lives in London.
　　 I have an aunt ＿＿＿＿＿＿ ＿＿＿＿＿＿ London.

(3) { Her dream is to be a doctor.
　　 She has a dream ＿＿＿＿＿＿ ＿＿＿＿＿＿ a doctor.

4 分詞・不定詞の後置修飾
・「〜している…」は名詞のあとに〈現在分詞＋語句〉，「〜されて[た]…」は名詞のあとに〈過去分詞＋語句〉を続ける。
・名詞のあとに to 不定詞を続け「〜という…」の意味で名詞を修飾することもある。

テストに出る！
予想問題

Reading 2
Malala's Voice for the Future

⏱ 30分

/100点

🎵 **1** 英文を聞いて，内容にあう絵を 1 つ選び，記号で答えなさい。　🎵 a26　〔5点〕

ア　　　　　　イ　　　　　　ウ　　　　　　エ

（　　　）

🎵 **2** 対話と質問を聞いて，その答えとして適するものを 1 つ選び，記号で答えなさい。　🎵 a27

ア　Kei does.　　　　　イ　Miho was angry.　　〔5点〕

ウ　Kei did.　　　　　　エ　Kei was angry.　　（　　　）

よく出る **3** （　）内の語を適する形にかえて書きなさい。ただし形がかわらないこともある。

(1)　Yuki has a bag ＿＿＿＿＿＿＿ by her mother.　（make）　　3点×4〔12点〕

(2)　Do you know those boys ＿＿＿＿＿＿ over there?　（run）

(3)　This is a book ＿＿＿＿＿＿ by a lot of people.　（read）

(4)　That is a toy ＿＿＿＿＿＿ *suraimu*.　（name）

4 次の日本文にあうように，＿＿に適する語を書きなさい。　　4点×4〔16点〕

ミス注意! (1)　私はけっしてそんなことはできません。

I ＿＿＿＿＿＿ ＿＿＿＿＿＿ do that.

(2)　彼女は歌い続けました。　（k で始まる動詞を使って）

She ＿＿＿＿＿＿ ＿＿＿＿＿＿.

(3)　それ以来ずっと，彼らはよい友人です。

＿＿＿＿＿＿ ＿＿＿＿＿＿, they have been good friends.

(4)　私たちにとっておたがい率直に意見を述べることは大切です。

It is important for us ＿＿＿＿＿＿ ＿＿＿＿＿＿ ＿＿＿＿＿＿ to each other.

5 次の対話が成り立つように，＿＿に適する語を書きなさい。　　4点×3〔12点〕

(1)　＿＿＿＿＿＿ do you call this bird ＿＿＿＿＿＿ Japanese?

— We call ＿＿＿＿＿＿ *Hakucho*.

(2)　Did the performance ＿＿＿＿＿＿ her surprised?

— Yes, it ＿＿＿＿＿＿.

(3)　What will you do during summer vacation?

— I have a plan ＿＿＿＿＿＿ ＿＿＿＿＿＿ abroad.

6 次の英文を読んで，あとの問いに答えなさい。　〔25点〕

> ①〔 on / big news / throughout / Malala / became / the attack / the world 〕.
> Immediately she was ②(take) to a hospital in the U.K. and recovered miraculously.
> After that, her voice was ③(strong) than ever. "We raised our voices for the rights
> of education. ④When the whole world is silent, then even one voice becomes
> powerful," said Malala.
>
> 　In 2014, the Nobel Peace Prize was awarded to Malala. She became the youngest
> person in history to receive the prize.

(1) 下線部①が「マララへの攻撃は世界の至るところで大きなニュースになりました。」という意味になるように，〔　〕内の語句を並べかえなさい。　〈6点〉

_____

(2) ②，③の（　）内の語を適する形になおしなさい。　4点×2〈8点〉
　② _____　③ _____

(3) 下線部④の英文を日本語になおしなさい。　〈5点〉
　（　　　　　　　　　　　　　　　　　　　　　　）

(4) 次の質問に5語の英文で答えなさい。　〈6点〉
What was awarded to Malala?

_____

7 〔　〕内の語句を並べかえて，日本文にあう英文を書きなさい。　5点×3〔15点〕

(1) 私は私に英語を教えてくれるだれかをさがしています。
〔 me / looking / teach / I / am / for / someone / to / English 〕.

_____

(2) あなたはドアのそばに立っている男性を知っていますか。
〔 you / by / know / do / the man / the door / standing 〕?

_____

(3) 洗車をすると私の父は疲れます。
〔 the car / my / makes / washing / father / tired 〕.

_____

8 次の日本文を英語になおしなさい。　5点×2〔10点〕

(1) あなたは医師になるという夢がありますか。　（be を使って）

_____

(2) ここから見える山は美しいです。　（The mountain で始め，7語の文で）

_____

Special Project 〜 Further Reading 1

中学校の思い出を残そう〜 The Ig Nobel Prize

テストに出る！ **ココ** が **要点** ＆ **チェック！**

不定詞のさまざまな用法（復習）

教 p.107，p.112

1 〈It is 〜 (for ＋人) to ....〉の文　→★(1)(2)

「(人)が…するのは〜である」は〈It is 〜 (for ＋人) to ....〉で表す。It は to 以下の内容を表す。

仮の主語　　　　　　　　「〜にとって」，for のあとの代名詞は目的格
It was difficult **for** *us* **to** **sing** the different parts.
it ＝ to 以下の内容　　　　　　　　　　私たちには異なるパートを歌うことは難しかったです。

2 〈疑問詞＋to＋動詞の原形〉の文　→★(3)(4)

動詞の目的語になり，〈how to ＋動詞の原形〉で「〜の仕方」「どのように〜するか」を表す。ほかに，what to〜，when to〜，where to〜などがある。

　　　　　　　　　　　　　　　　　　　　　　「〜の仕方」…how 以下が know の目的語
When I joined the club, I didn't know **how to** **play** *shogi* well.
　　　　　　　　　　　　　私がクラブに加入したとき，私は将棋のじょうずなやり方がわかりませんでした。
Do you know **where to** **buy** a bike?　　あなたはどこで自転車を買えばよいかわかりますか。
　　　　　　　　「どこで〜するか」…where 以下が know の目的語

3 〈make＋人など＋動詞の原形〉の文　→★(5)(6)

「〜に…させる」と言うときは，〈make ＋ (人など) ＋動詞の原形〉で表す。ほかに同じ形をとる動詞として let「〜に…させてやる」，help「〜が…するのを手伝う」などがある。

　　　　　　　　　　　　　　　　　　動詞の原形
This research **makes** **people** **laugh** and **think**. この調査は人々を笑わせ，考えさせます。
　　　　　「〜させる」　目的語　　people と laugh, think は主語と述語の関係

「〜させてやる」
Let **me** **know** your birthday.　　　　　　　私にあなたの誕生日を知らせてください。
目的語　me と know は主語と述語の関係

☆**チェック！**　　(　)に適する語を下の語群から選びなさい。ただし，同じ語を何度選んでもよい。

1
- □ (1) It is (　　　　)for me (　　　　) play the piano.　私にはピアノをひくのはかんたんです。
- □ (2) It is important for (　　　)(　　　) read books.

　　　　　　　　　　　　　　　　　　　　　　私たちにとって本を読むことは重要です。

2
- □ (3) I know (　　　)(　　　　) use a computer.　私はコンピュータの使い方を知っています。
- □ (4) I don't know (　　　　)(　　　　) start.　私はいつ出発すればよいかわかりません。

3
- □ (5) My father (　　　　) me go there.　父は私をそこへ行かせました。
- □ (6) I helped (　　　)(　　　　) the classroom.　私は彼らが教室を掃除するのを手伝いました。

[語群　where　for　cleaned　us　clean　how　easy　to　them　made　when]

☆**チェック！** の答えは次ページ ⟳

テスト対策問題

1 (1)～(6)は単語の意味を書き，(7)～(10)は日本語を英語にしなさい。

(1) victory （　　　　　）　(2) silly （　　　　　）

(3) improbable （　　　　　）　(4) audience （　　　　　）

(5) curiosity （　　　　　）　(6) surprisingly （　　　　　）

(7) spend の過去形 ＿＿＿＿＿　(8) give の過去分詞形 ＿＿＿＿＿

(9) 親切, 思いやり ＿＿＿＿＿　(10) 増やす, 強める ＿＿＿＿＿

2 次の日本文にあうように，＿＿に適する語を書きなさい。

(1) 私たちは最後に試合に勝ちました。
We won the game ＿＿＿＿ ＿＿＿＿ ＿＿＿＿.

(2) 言いかえれば，私はそれをしたくありませんでした。
＿＿＿＿ ＿＿＿＿ ＿＿＿＿, I didn't want to do it.

(3) 最近では，日本のマンガは世界じゅうで人気があります。
Japanese *manga* is popular around the world ＿＿＿＿ the ＿＿＿＿ ＿＿＿＿.

3 次の文を（　）内の指示にしたがって書きかえなさい。

(1) To go cycling is exciting for them. （it を主語にして）
＿＿＿＿＿＿＿＿＿＿＿＿＿＿

(2) It isn't easy to play the piano. （「彼にとって」を加えて）
＿＿＿＿＿＿＿＿＿＿＿＿＿＿

4 〔　〕内の語を並べかえて，日本文にあう英文を書きなさい。

(1) どこで本を読めばいいか彼にたずねましょう。
〔 him / where / let's / read / ask / books / to 〕.
＿＿＿＿＿＿＿＿＿＿＿＿＿＿

(2) リサは彼に何と言えばよいかわかりませんでした。
〔 to / didn't / Lisa / say / him / know / what / to 〕.
＿＿＿＿＿＿＿＿＿＿＿＿＿＿

5 次の文の（　）内の語句のうち，適するものを○で囲みなさい。

(1) I made (him to come / him come here).

(2) My mother made (to me call / me call) Maki.

(3) (Let's / Let) me ask you a question.

(4) They helped (to carry him / him carry) those boxes.

(5) (Let me / Let) help you.

テスト対策ナビ

1 重要単語
(3)動詞の語尾に -able がつくと「～できる」という形容詞になる。
(例) believe → believable

2 重要表現
(2)「ほかのことばで言うと」と表す。

3 〈It is ～(for＋人)＋to ....〉

ポイント
・〈for＋人〉は to の直前に置く。
・「人」の部分に代名詞が入るときは目的格の形にする。

4 〈疑問詞＋to＋動詞の原形〉の文
〈疑問詞＋to＋動詞の原形〉は，全体で1つの名詞と同じ働きをし，know, tell などの動詞の目的語となる。

5 〈make＋人など＋動詞の原形〉

おぼえよう!
・〈make＋人など＋動詞の原形〉→ ～に…させる
・〈let＋人など＋動詞の原形〉→ ～に…させてやる
・〈help＋人など＋動詞の原形〉→ ～が…するのを手伝う

テストに出る！
予想問題

Special Project 〜 Further Reading 1
中学校の思い出を残そう〜 The Ig Nobel Prize

⏱ 30分

/100点

① 英文を聞いて，内容にあう絵を１つ選び，記号で答えなさい。　♪ a28　〔5点〕

ア　　　　　イ　　　　　ウ　　　　　エ

（　　　　）

② 対話と質問を聞いて，その答えとして適するものを１つ選び，記号で答えなさい。　♪ a29

ア　Meg is.　　　　　イ　Keita is.　　　　〔5点〕

ウ　Meg does.　　　　エ　Keita does.　　　（　　　　）

③ 次の日本文にあうように，＿＿に適する語を書きなさい。　4点×4〔16点〕

(1) 彼は５日連続して学校を欠席しています。

He has been absent from school for 5 days ＿＿＿＿＿ ＿＿＿＿＿ ＿＿＿＿＿.

(2) 私は彼らがお金をいくらもらったか知りません。

I don't know ＿＿＿＿＿＿ ＿＿＿＿＿＿ ＿＿＿＿＿＿ they got.

(3) 彼は背が高いです。一方，私は背が低いです。

He is tall. ＿＿＿＿＿ ＿＿＿＿＿ ＿＿＿＿＿ ＿＿＿＿＿, I'm short.

(4) あなたは今までにその賞について聞いたことがありますか。

＿＿＿＿＿＿ you ＿＿＿＿＿＿ ＿＿＿＿＿ of the prize?

④ 次の各組の文がほぼ同じ内容を表すように，＿＿に適する語を書きなさい。　4点×3〔12点〕

(1) { It is difficult to write a letter in English.
＿＿＿＿＿＿ ＿＿＿＿＿＿ a letter in English is difficult.

(2) { I can't play the guitar.
I don't know ＿＿＿＿＿＿ ＿＿＿＿＿＿ ＿＿＿＿＿＿ the guitar.

やや難 (3) { It is not necessary for you to cook lunch today.
You ＿＿＿＿＿＿ ＿＿＿＿＿＿ ＿＿＿＿＿＿ cook lunch today.

⑤ 次の対話が成り立つように，＿＿に適する語を書きなさい。　4点×2〔8点〕

(1) A: Have you decided ＿＿＿＿＿＿ ＿＿＿＿＿＿ buy for your sister?

B: Yes. I'll buy a notebook for her.

(2) A: What do you want to do next weekend?

B: Just a minute. ＿＿＿＿＿＿ me think.

6 次の英文を読んで，あとの問いに答えなさい。 〔12点〕

　　Every September, the award ceremony （ ① ） held at Harvard University in the U.S. The winners receive the awards and make a speech in a big hall at the university. It is filled （ ② ） scientists and students. They all love science. Afterwards, the audience sees scientific presentations by the winners.

　　In 2016, two Japanese scientists won the prize. They made the following discovery: ③ かがんで脚の間から眺めると，ものはより小さく見えます。） ④〔 *matanozoki* / called / it / in / is / Japanese 〕.

(1) ①，②の（　）に適する語を書きなさい。 2点×2〈4点〉

　　①＿＿＿＿＿＿＿　　②＿＿＿＿＿＿＿

(2) 次の英文が下線部③の意味になるように，＿＿に適する語を書きなさい。 〈4点〉

　　Things ＿＿＿＿ ＿＿＿＿ ＿＿＿＿ you bend over and view them between your legs.

(3) 下線部④が「それは日本語でまたのぞきと呼ばれます。」という意味になるように，〔　〕内の語を並べかえなさい。 〈4点〉

＿＿＿＿＿＿＿＿＿＿＿＿＿＿＿＿＿＿＿＿＿＿＿

7 〔　〕内の語句を並べかえて，日本文にあう英文を書きなさい。 6点×4〔24点〕

(1) あなたがこの仕事を1週間ですることは可能です。

　　〔 possible / is / to / do / for / it / you / in / this work / a week 〕.

＿＿＿＿＿＿＿＿＿＿＿＿＿＿＿＿＿＿＿＿＿＿＿

(2) 私に次にどこに行けばよいか教えてください。

　　Please〔 me / go / tell / next / to 〕.（1語補う）

　　Please ＿＿＿＿＿＿＿＿＿＿＿＿＿＿＿＿＿＿.

(3) 夕食を作るのを手伝ってもらえませんか。〔 you / cook / could / me / dinner 〕?（1語補う）

＿＿＿＿＿＿＿＿＿＿＿＿＿＿＿＿＿＿＿＿＿＿＿

(4) 私にとって中国語を学ぶことはとてもおもしろいです。

　　〔 for / Chinese / a / fun / it / lot / me / to / of / learn 〕.（1語補う）

＿＿＿＿＿＿＿＿＿＿＿＿＿＿＿＿＿＿＿＿＿＿＿

8 次の日本文を英語になおしなさい。 6点×3〔18点〕

(1) 彼にとってサッカー選手になることはかんたんではありません。（itを使って，11語で）

＿＿＿＿＿＿＿＿＿＿＿＿＿＿＿＿＿＿＿＿＿＿＿

(2) 母は私が友人と買いものに行く（go shopping）ことを許してくれませんでした。

＿＿＿＿＿＿＿＿＿＿＿＿＿＿＿＿＿＿＿＿＿＿＿

(3) 彼女はいつ家を出発すればよいか知っていますか。（7語で）

＿＿＿＿＿＿＿＿＿＿＿＿＿＿＿＿＿＿＿＿＿＿＿

Further Reading 2

Library Lion

テストに出る！ **ココが要点＆チェック！**

仮定法過去（復習）

教 p.115

1 仮定法過去を使った疑問文

→★(1)

現在の事実とは異なる仮定についてたずねるときは，仮定法過去の疑問文を使う。

► 助動詞も過去形

If you ⟨were⟩ Mr. McBee, how ⟨would⟩ you feel about the lion?

► 現実とは異なる仮定→動詞は過去形　　もしあなたがマクビー氏なら，ライオンのことをどのように感じるでしょうか。

注意すべき受け身の表現（復習）

教 p.114

2 助動詞を使った文での受け身

→★(2)

助動詞を使った文を受け身で表すときは，〈助動詞＋be＋過去分詞〉の形にする。

〈助動詞＋be＋過去分詞〉

A quiet lion ⟨would⟩ be ⟨allowed⟩ to come back for story hour tomorrow.

↓　　静かなライオンならば，明日お話の時間にもどってくることを許されるでしょう。

be 動詞の原形は be，過去分詞の前，いつも形は同じ

3 前置詞のあとの受け身

→★(3)

前置詞のあとの動名詞（-ing 形）を受け身で表すときは〈前置詞＋being＋過去分詞〉の形にする。

The lion began doing things ⟨without⟩ being ⟨asked⟩.

前置詞◄　　↓　　ライオンは頼まれずにものごとをやり始めました。

過去分詞の前，いつも形は同じ

前置詞と接続詞の両方の使い方をするもの

教 p.114

4 前置詞と接続詞の両方の用法があるもの

→★(4)

前置詞のあとには名詞を置くが，接続詞として使うときには，あとに〈主語＋動詞〉を置く。

接続詞のあとは〈主語＋動詞〉　　► ここではあとの動詞の時制は前の動詞にあわせる（時制の一致）

She sent him off to dust the books ⟨until⟩ it was time for story hour.

彼女はお話の時間まで本のほこりをはらわせるために彼を送り出しました。

☆チェック！　日本文にあうように，（ ）に適する語を書きなさい。

1 □ (1) If she were here, (　　　　)(　　　　　) she do for you?

もし彼女がここにいたら，あなたのために何ができるでしょうか。

2 □ (2) All children should (　　　　)(　　　　　).　　すべての子どもは愛されるべきです。

3 □ (3) He left without (　　　　)(　　　　　) by anyone.　彼はだれにも見られずに出発しました。

4 □ (4) He has been busy since (　　　　)(　　　　　) young.　彼は若いころからずっと忙しいです。

テスト対策問題

1 (1)〜(6)は単語の意味を書き, (7)〜(10)は日本語を英語にしなさい。

(1) encyclopedia (　　　　　　)　　(2) neighborhood (　　　　　　)

(3) certainly (　　　　　　)　　(4) toe (　　　　　　)

(5) notice (　　　　　　)　　(6) burst (　　　　　　)

(7) 約束する ＿＿＿＿＿＿　　(8) mean の過去形 ＿＿＿＿＿＿

(9) may の過去形 ＿＿＿＿＿＿　　(10) 優しく ＿＿＿＿＿＿

2 次の日本文にあうように, ＿＿に適する語を書きなさい。

(1) 私はできるだけじょうずに歌いました。

I sang ＿＿＿＿＿ ＿＿＿＿＿ ＿＿＿＿＿ I could.

(2) ケイコはおかあさんのかばんを引っぱりました。

Keiko ＿＿＿＿＿ ＿＿＿＿＿ her mother's bag.

(3) その少年は突然ふり向きました。

The boy ＿＿＿＿＿ ＿＿＿＿＿ suddenly.

(4) ビルとマイクはうまくやっているように見えます。

Bill and Mike seem to ＿＿＿＿＿ ＿＿＿＿＿.

3 次の文を( )内の指示にしたがって書きかえなさい。

(1) The doctor could understand the book. （疑問文に）

＿＿＿＿＿＿＿＿＿＿＿＿＿＿＿＿＿＿＿

(2) What will you tell him?（前に If you were his mother, を加えて）

＿＿＿＿＿＿＿＿＿＿＿＿＿＿＿＿＿＿＿

4 [ ]内の語句を並べかえて, 日本文にあう英文を書きなさい。

(1) もし彼がそのかばんを持っていたら, 笑われるでしょう。

[he / laughed / had / if / , / the bag / he / would / be / at].

＿＿＿＿＿＿＿＿＿＿＿＿＿＿＿＿＿＿＿

(2) 私はリーダーに選ばれていることを誇りに思います。

[proud / a leader / selected / I'm / being / of / as].

＿＿＿＿＿＿＿＿＿＿＿＿＿＿＿＿＿＿＿

5 次の文の( )内の語句のうち, 適するものを◯で囲みなさい。

(1) I do my homework before (eat dinner / I eat dinner).

(2) I played outside until it (gets / got) dark.

(3) I take a bath after (doing / do) my homework.

テスト対策ナビ

1 重要単語

(2) neighbor は「隣人」という意味。

2 重要表現

(1)文全体が過去の文なので, can も過去形の could になる。

(4) seem to〜は「〜のように見える」。

3 仮定法過去を使った疑問文

ポイント

・現実とは異なる仮定についてたずねるときは仮定法過去の文を使う。

・If〜を省略しても意味が通じるときは If の文を省略できる。

4 注意すべき受け身の表現

ミス注意!

・助動詞のあとの受け身
→〈助動詞＋be＋過去分詞〉

・前置詞のあとの受け身
→〈前置詞＋being＋過去分詞〉

5 前置詞と接続詞の両方の用法があるもの

(2) until を接続詞として使用するときは, あとに〈主語＋動詞〉を続ける。ここでは, 時制を前の動詞にあわせることに注意。

テストに出る！
予想問題

Further Reading 2
Library Lion

⏱ 30分

/100点

1 英文を聞いて，内容にあう絵を1つ選び，記号で答えなさい。　🎵 a30　〔5点〕

ア　イ　ウ　エ

（　　　）

2 対話と質問を聞いて，その答えとして適するものを1つ選び，記号で答えなさい。🎵 a31

ア　His school.　　　イ　His father's company.　〔5点〕

ウ　Hakodate.　　　エ　His house.　　　　（　　　）

3 次の日本文にあうように，＿＿に適する語を書きなさい。　5点×5〔25点〕

(1) 今日は雨なので，私たちは家にいたほうがよいです。

Because it's rainy today, we might ＿＿＿＿＿＿ ＿＿＿＿＿＿ stay home.

(2) 彼女は早起きすることに慣れました。

She ＿＿＿＿＿ ＿＿＿＿＿＿ ＿＿＿＿＿＿ ＿＿＿＿＿ up early.

(3) 彼もあの日のことを忘れませんでした。

He ＿＿＿＿＿ forget that day, ＿＿＿＿＿.

(4) 親は結局，子どものことを心配します。

Parents worry about their children ＿＿＿＿＿ ＿＿＿＿＿.

(5) 私たちの先生を呼びに行ってください。

Please ＿＿＿＿＿ ＿＿＿＿＿ our teacher.

4 次の文を受け身の文に書きかえなさい。　5点×2〔10点〕

(1) People can see many stars here at night.

＿＿＿＿＿＿＿＿＿＿＿＿＿＿＿＿＿＿＿＿＿＿＿＿＿＿＿＿＿＿

やや難 (2) They will build a new bridge next month.

＿＿＿＿＿＿＿＿＿＿＿＿＿＿＿＿＿＿＿＿＿＿＿＿＿＿＿＿＿＿

5 次の対話が成り立つように，＿＿に適する語を書きなさい。　5点×2〔10点〕

(1) *A:* Do you see her *these days?　＊ these days：最近

B: No. I ＿＿＿＿＿ ＿＿＿＿＿ her ＿＿＿＿＿ she moved.

(2) *A:* If you were rich, ＿＿＿＿＿ ＿＿＿＿＿ you do?

B: I would buy a house with a pool.

6 次の英文を読んで，あとの問いに答えなさい。　　　　　　　5点×3〔15点〕

> Miss Merriweather came out of her office. "Who is making that noise?" she demanded. "It's the lion," said Mr. McBee. Miss Merriweather marched over to the lion. "①(もしあなたが静かにできないのなら，あなたは出て行かなくてはならないでしょう)," she said in a stern voice. "Those are the rules!" The little girl tugged on Miss Merriweather's dress. "If he promises (②) be quiet, can he come back for story hour tomorrow?" she asked. Miss Merriweather said, "Yes. ③A nice, quiet lion 〔 for / certainly / come back / to / be / would / allowed 〕 story hour tomorrow.

(1) 次の英文が下線部①の意味になるように，＿＿＿に適する語を書きなさい。

　　If you cannot be quiet, you ＿＿＿＿＿＿＿ ＿＿＿＿＿＿＿ ＿＿＿＿＿＿＿ leave,

(2) ②の(　)に適する語を書きなさい。　　＿＿＿＿＿＿＿

(3) 下線部③が「行儀のよい，静かなライオンなら，明日のお話の時間にもどってくることを必ず許されるでしょう。」という意味になるように，〔　〕内の語句を並べかえなさい。

　　A nice, quiet lion ＿＿＿＿＿＿＿＿＿＿＿＿＿＿＿＿＿＿＿＿＿＿＿

　story hour tomorrow.

7 〔　〕内の語句を並べかえて，日本文にあう英文を書きなさい。　　5点×4〔20点〕

(1) もしあなたがひまだったら，彼女といっしょにどこへ行くでしょうか。

　　〔 if / , / go / free / would / her / you / you / where / were / with 〕?

　　＿＿＿＿＿＿＿＿＿＿＿＿＿＿＿＿＿＿＿＿＿＿＿＿＿＿＿＿＿

(2) 私はだれかに非難されるのを恐れています。

　　〔 somebody / I'm / being / afraid / blamed / of / by 〕.

　　＿＿＿＿＿＿＿＿＿＿＿＿＿＿＿＿＿＿＿＿＿＿＿＿＿＿＿＿＿

(3) 私は暗くなる前に家に帰らないといけません。

　　〔 it / before / gets / I / have / go / dark / to / home 〕.

　　＿＿＿＿＿＿＿＿＿＿＿＿＿＿＿＿＿＿＿＿＿＿＿＿＿＿＿＿＿

(4) 東京に滞在している間に私に会いに来てください。　（1語不要）

　　Please 〔 during / while / are / come / you / to / me / staying / in / see / Tokyo 〕.

　　Please ＿＿＿＿＿＿＿＿＿＿＿＿＿＿＿＿＿＿＿＿＿＿＿＿＿＿.

8 次の日本文を英語になおしなさい。　　　　　　　　　　5点×2〔10点〕

(1) 私は寝る前に本を読みます。　（before を使って9語で）

　　＿＿＿＿＿＿＿＿＿＿＿＿＿＿＿＿＿＿＿＿＿＿＿＿＿＿＿＿＿

(2) 私はマサ(Masa)と呼ばれるのが好きではありません。

　　＿＿＿＿＿＿＿＿＿＿＿＿＿＿＿＿＿＿＿＿＿＿＿＿＿＿＿＿＿

動詞の形の活用をおさえましょう。

※赤字は特に注意しましょう。[　]は発音記号です。

★A・B・C型

原形	現在形	過去形	過去分詞	意味
be	am, is / are	was / were	been [bín]	～である
begin	begin(s)	began	begun	始める
do	do, does	did	done	する
drink	drink(s)	drank	drunk	飲む
eat	eat(s)	ate	eaten	食べる
give	give(s)	gave	given	与える
go	go(es)	went	gone	行く
know	know(s)	knew	known	知っている
see	see(s)	saw	seen	見る
sing	sing(s)	sang	sung	歌う
speak	speak(s)	spoke	spoken	話す
swim	swim(s)	swam	swum	泳ぐ
take	take(s)	took	taken	とる
write	write(s)	wrote	written	書く

★A・B・B型

原形	現在形	過去形	過去分詞	意味
bring	bring(s)	brought	brought	持ってくる
build	build(s)	built	built	建てる
buy	buy(s)	bought	bought	買う
feel	feel(s)	felt	felt	感じる
find	find(s)	found	found	見つける
get	get(s)	got	got, gotten	得る
have	have, has	had	had	持っている
hear	hear(s)	heard	heard	聞く
keep	keep(s)	kept	kept	保つ
make	make(s)	made	made	作る
say	say(s)	said [sed]	said	言う
stand	stand(s)	stood	stood	立つ
teach	teach(es)	taught	taught	教える
think	think(s)	thought	thought	思う

★A・B・A型

原形	現在形	過去形	過去分詞	意味
become	become(s)	became	become	～になる
come	come(s)	came	come	来る
run	run(s)	ran	run	走る

★A・A・A型

原形	現在形	過去形	過去分詞	意味
cut	cut(s)	cut	cut	切る
put	put(s)	put	put	置く
read	read(s)	read [red]	read [red]	読む

中間・期末の攻略本

解答と解説

取りはずして
使えます!

開隆堂版　サンシャイン　英語**3**年

p.4～p.5　テスト対策問題

1 (1)イ　(2)ア

2 (1)入手できる，利用できる　(2)すばらしい
(3)さまざまな　(4)発展させる，開発する
(5)発行[出版]する　(6)信頼する　(7)own
(8)different　(9)medicine　(10)spend

3 (1)Why don't we　(2)in this
(3)For example　(4)more than
(5)right now　(6)at least

4 (1)asked, to　(2)told, to

5 (1)私はそのことばを(ずっと)待っていました。
(2)*bento*
(3)I asked my mother to make *bentos* for us.

6 (1)It is fun for me to watch TV.
(2)Is it hard for her to write with her left hand? — Yes, it is.

7 (1)私は彼が先生になってうれしいです。
(2)私たちは明日雨が降らないか心配しています。

8 (1)I want him to help me.
(2)It isn't easy for me to play the piano.

解説

1 (1)相手に依頼する表現である**イ**が正解。(2) I'm sure that~. は「私は~を確信している」。相手への励ましにも使えることば。

♪(1)　ア　Can I ask him to call me back?
　　　イ　Could you tell him to call me back?
　　　ウ　Do you want him to call you back?

訳ア　彼に私に折り返し電話をするよう頼んでもいいですか。
　イ　彼に私に折り返し電話をするよう伝えていただけますか。
　ウ　あなたは彼に折り返し電話をしてほしい

ですか。

♪(2)　ア　I'm sure that you will pass the test.
　　　イ　I told you to pass the test.
　　　ウ　Why didn't you pass the test?

訳ア　私はあなたが試験に合格すると確信しています。
　イ　私はあなたに試験に合格するよう言いました。
　ウ　なぜあなたは試験に合格しなかったのですか。

3 (6) least は little の最上級。反対の意味を表す熟語は **at most**「多くても」。

4 「~に…するように頼む[言う]」は〈ask[tell]＋人＋to＋動詞の原形〉。「人」の部分に代名詞が入るときは目的格の形にする。

5 (1)〈have[has]＋been＋動詞の -ing 形〉はある動作がずっと継続していることを示す現在完了進行形。
(2)「あなたが弁当を作ったのですか」
(3) ミス注意! 中心となるのは〈ask＋人＋to＋動詞の原形〉「~に…するように頼む」。to 以下に〈make＋もの＋for＋人〉「~(人)に…(もの)を作る」の形が入っている。

6 (1)〈It is ～ (for＋人) to ....〉の形に書きかえる。
(2)疑問文は be 動詞を仮の主語 it の前に出す。

7 感情を表す形容詞のあとに〈that＋主語＋動詞～〉を置いてその原因・理由・具体的な内容を表すことができる。

8 (1)「~に…してほしいと思う」は〈want＋人＋to＋動詞の原形〉で表す。
(2)〈It is ～ (for ＋人) to ....〉を否定文にする。

ポイント
・〈ask[tell / want]＋人＋to＋動詞の原形〉の文では「人」と to 以下は「主語」と「述語」の関係。

1

1 ア

2 エ

3 (1)**Is it important for us to read many books?－Yes, it is.**

(2)**Rio told Mika to open the window.**

(3)**Mai was sad that the cup was broken.**

(4)**What did you ask him to do?**

4 (1)**such as**　(2)**call, for**　(3)**not only**

(4)**have, fever**　(5)**How many**

5 (1)①**developed**　③**delivered**

(2)**Mumbai in India is famous for its lunch delivery service.**

(3)**Why don't you**　(4)**I'm sure**

6 (1)**Did you ask her to wash the shoes?**

(2)**It is exciting for them to watch baseball games.**

(3)**We were surprised that he failed.**

7 (1)**He wants you to be[become] a tennis player.**

(2)**Is it easy for you to swim?**

(3)**I'm sure that he will lend me his umbrella.**

解説

1 私は「買い物をしたあとに，荷物が重くて運べないので父に車で迎えに来てほしいと思っている」ところなので，**ア**が適切。

♪　I have bought too many things today. These bags are very heavy. I can't carry them. I want my father to pick me up in his car.

訳　私は今日，買い物をしすぎてしまいました。これらのバッグ（紙ぶくろ）はとても重いです。私はそれらを運ぶことができません。私は父に私を車で迎えに来てほしいです。

2 ミカは雨が降らないかを心配しているので，雨でも可能な提案を選ぶ。**イ**の Why don't you ～? は「（あなたは）～したらどうですか」と提案する表現で，**エ**の Why don't we～? は「（いっしょに）～しませんか」と提案する表現なので，この場合は**エ**が適切。

♪ *A:* Hi, Mika. If you are free tomorrow, why don't we play tennis together?

B: Yes, let's. But I'm afraid that it will rain.

訳　A：やあ，ミカ。もし明日ひまなら，いっしょにテニスをしましょう。

　　B：はい，そうしましょう。でも雨が降らないか心配です。

3 (2)tell を過去形にするのを忘れない。

(4)「あなたは彼に何をするように頼みましたか」の文を作る。

4 (4)「熱がある」は have a fever。「頭痛がする」は have a headache。

(5) **ミス注意!** 回数をたずねるときは **How many times ～?** を使う。個数をたずねる〈How many＋名詞の複数形～?〉と混同しないこと。

5 (1)①は現在完了の文。③は受け身の文。どちらも過去分詞にする。

(3)「～したらどうですか」と相手に提案する表現は Why don't you～?。

(4)**I'm sure that～.** で「～であると確信する」。ここでは that が省略されている。

6 (2)〈It is ～（for＋人）to ....〉の文。to 以下に意味上の主語「野球の試合を見ること」を置く。

(3)「驚く」は〈be 動詞＋surprised〉で表す。that 以下に〈主語＋動詞〉の形で驚いた理由を示す。

7 (2)〈It is ～（for＋人）to ....〉の疑問文は be 動詞を it の前に出す。

(3)I'm sure that～. の文を作る。「貸してくれるだろう」とあるので未来の will を使う。この that は省略可能。

PROGRAM 2 〜 Power-Up 1

1 エ

2 (1)影響を及ぼす　(2)不足　(3)光っている

(4)習慣　(5)改善する　(6)昼寝，うたた寝

(7)**lose**　(8)**concentrate**　(9)**tonight**

(10)**held**

3 (1)**most favorite**　(2)**full of**

(3)**no idea**　(4)**welcome / Take**

4 (1)**I don't know who those girls are.**
　　私はあの少女たちがだれか知りません。

(2)**Do you know when he uses the car?**

彼がその車をいつ使うかあなたは知っていますか。

5 (1)**have started to see how good sleep improves our work**

(2)**that**

（その結果は私たちに，人々は昼寝のあとにはよりよく仕事ができると伝えています。）

(3)**shouldn't**

6 (1)**tell me why we should study hard**

(2)**Can you tell him what time the train will arrive?**

(3)**Could you tell me where you are from?**

7 (1)**Saki told me that her mother was sick.**

(2)**I didn't know where he lived.**

8 (1)**My teacher tells me（that）reading books is important.**

(2)**I didn't know what she wanted.**

解説

1 that 以下が母がエリに伝えた内容。that 以下の助動詞は時制の一致により過去形。

♪ *A*: Mike, I have to go home early today.

B: Why, Eri? Do you have something to do?

A: My mother told me that we would go to my uncle's house after school.

B: I see. See you tomorrow.

Q: Why does Eri have to go home early today?

訳 A：マイク，私は今日早く家に帰らなくてはなりません。

　　B：なぜですか，エリ。何かすることがあるの？

　　A：母が私に放課後，私たちはおじさんの家に行く予定だと言っていました。

　　B：わかりました。また明日ね。

　　質問：エリは今日，なぜ早く家に帰らなければならないのですか。

3 (3) We don't know. も「わかりません」の意味だが，We have no idea. のほうが「まったくわかりません」と強いニュアンスになる。

4 〈疑問詞＋主語＋動詞〉が文中に入る**間接疑問（文）**。疑問詞のあとは〈主語＋動詞〉の語順になる。〈疑問詞＋主語＋動詞〉があとに続く動詞は，**know，tell，remember** などで，疑問詞以下

が動詞の目的語となる。

5 (1)疑問詞 how が文中に入り，〈疑問詞＋主語＋動詞〉の形になる。

(2)（　）のあとに〈主語＋動詞〉が続くので接続詞が入ると判断する。that 以下が tell の内容を示し，tell の 2 つ目の目的語となっている。

6 〈疑問詞＋主語＋動詞〉は〈動詞＋人など〉のあとに置くこともできる。この形で使う動詞には，**tell，teach，ask，show** などがある。

7 (1)〈主語＋動詞＋人など＋that～.〉の文では，that の前の動詞が過去形の場合，あとの動詞も過去形。

8 (1)「私の先生は私に言います」の文を作り，先生が言う内容を that 以下で表す。

(2) ミス注意！ 〈疑問詞＋主語＋動詞〉の文。want が過去形になることに注意する。

> **ポイント**
> ・疑問詞で始まる文が文中に入るとき〈疑問詞＋主語＋動詞〉の語順になる（間接疑問（文））。
> ・接続詞 that の前の動詞が過去形の場合，あとの動詞も過去形になる（時制の一致）。

p.12～p.13 予想問題

1 エ

2 イ

3 (1)**what，should** (2)**when he**

(3)**where she** (4)**how we**

4 (1)**even though** (2)**As，result**

(3)**fell asleep** (4)**May I** (5)**me back**

(6)**make up for**

5 (1)**tell me what I should do**

（何をするべきか私に教えてください。）

(2)**going** (3)ミラー先生[あなた]は毎日寝る 90 分前に風呂に入っているのですか。

6 (1)**Do you know whose house that is?**

(2)**We know what happened to her.**

(3)**He told me that his father was sick.**

7 (1)**Tom told his mother that the book was interesting.**

(2)**I asked her where she lived.**

(3)**Do you know when she will leave?**

解説

1 3 つのヒントから「私は何でしょうか」の答えを考える。

♪ I want to play the "three hints quiz" with you. Are you ready? Can you tell me what I am? I'm an animal. I can run fast. I have long ears. What am I?

訳 私はあなたと「スリーヒントクイズ」で遊びたいと思います。準備はいいですか。私は何でしょうか。私は動物です。私は走るのが速いです。私は耳が長いです。私は何でしょう。

2 対話中に，疑問詞を使った疑問文，〈疑問詞＋主語＋動詞〉を含む文，疑問詞を使った疑問文の中に〈疑問詞＋主語＋動詞〉を含む文が出てくる。それぞれの文の意味をしっかり理解しながら聞き取ること。

♪ A: Kenta, where is Ms. Mori?
B: Sorry, Liz. I don't know where she is. But I think Misa knows.
Q: Who knows where Ms. Mori is?

訳 A：森先生はどこにいますか，ケンタ。
B：ごめんなさい，リズ。私は彼女がどこにいるかわからないです。でもミサが知っていると思います。
質問：だれが森先生がどこにいるかを知っていますか。

3 〈疑問詞＋to＋動詞の原形〉は〈疑問詞＋主語＋shouldなど＋動詞〉に書きかえられる。
(2) ✓ミス注意! 「彼にいつ出発するべきか伝えてもらえますか」，出発するのは「彼」なのでwhen以下の文の主語はhe。
(3) 「彼女は私にどこへ行くべきかたずねました」，行くのは「彼女」なのでwhere以下の主語はshe。
(4) 「彼は私たちにコンピュータの使い方を教えてくれました」，コンピュータを使うのは「私たち」なのでhow以下の主語はwe。

4 (3) fallは不規則動詞。過去形はfell。
(4) mayは「～してもよい」を表す助動詞。May I ～?で「～してもいいですか」と許可を求める表現。
(6) make up for ～は「～を補う」。

5 (1)〈疑問詞＋主語＋動詞〉をふくむ文。
(2)前置詞のあとに動詞を置くときは動名詞の形。
(3) itはミラー先生が言った "You should take a bath 90 minutes before going to bed." の内容をさす。

6 (1) whose house を疑問詞と考える。

(2) ✓ミス注意! 「何が起こったのか」なのでwhat以下の動詞は過去形にする。
(3) ✓ミス注意! that以下の文は前の動詞の時制の影響を受けるので，that以下の動詞も過去形にすることに注意。

7 (1) ✓ミス注意! that以下にトムの言った内容を示す。toldにあわせて，that以下の動詞も過去形にする。
(2) 「どこに住んでいるのか」を〈疑問詞＋主語＋動詞〉の形で文中に入れる。
(3) ✓ミス注意! Do you know のあとに目的語として〈疑問詞＋主語＋動詞〉を置く。彼女が出発するのは未来なのでwhen以下ではwillを使う。

PROGRAM 3 〜 Our Project 7

p.16 〜 p.17 テスト対策問題

1 (1)ウ (2)イ
2 (1)風 (2)作り出す，生み出す (3)特に
(4)幸運 (5)drew (6)chose (7)power
(8)angry
3 (1)In fact (2)dressed up (3)hand in
4 (1)She called me Taku.
(2)They named their baby Mike.
(3)What does your mother call you?
(4)Why did you name the cat Milk?
5 (1)wasn't it
(2)バスケットボールをスポーツの王様と呼ぶ人もいます
(3)People enjoy not only the games but also the half-time shows.
6 (1)makes me (2)keeps, clean
(3)open
7 (1)go (2)them swim (3)him (4)cook
(5)Who
8 (1)Your smile makes us happy.
(2)Do your friends call you Mio?

解説

1 (1)の〈make＋人など＋形容詞〉は「～を…(の状態)にする」。
(2)〈help＋人など＋動詞の原形〉は「～が…するのを手伝う」。

♪ (1)ア Emi wrote an interesting letter.

イ　Emi felt angry when she read the letter.

ウ　The letter made Emi happy.

(2)ア　Bob helps with his father's work.

イ　Bob's father helps him do his homework.

ウ　Bob wants to help his father.

訳 (1)ア　エミはおもしろい手紙を書きました。

イ　エミはその手紙を読んで怒りを感じました。

ウ　その手紙はエミを幸せにしました。

(2)ア　ボブは父の仕事を手伝います。

イ　ボブの父はボブが宿題をするのを手伝います。

ウ　ボブは父を手伝いたいと思っています。

2 (8) angry は形容詞。get angry で「怒る」。

4 (1)(2)「～を…と呼ぶ[名づける]」は〈call[name]＋～(人など)＋ ... 〉で表す。「人など(目的語)」と「…(補語)」はイコールの関係。

(3)〈call[name]＋～(人など)＋ ... 〉の「…(補語)」をたずねる文にする。疑問詞 what を文頭に置く。

(4)「なぜ」をたずねる疑問詞 why のあとに一般動詞の疑問文を続ける。

5 (1) ✎ミス注意! 「～ですよね」と相手に同意を求めるときは，文の終わりに〈カンマ＋2語の疑問形?〉を加える。肯定文のあとには，〈,＋否定の短縮形＋主語(代名詞)?〉，否定文のあとには〈,＋否定の形から not をとった語＋主語(代名詞)?〉を置く。ここでは前の文が be 動詞の過去形を使った肯定文なので wasn't it? を置く。

(2) it は basketball をさす。

(3)「～ばかりでなく…も」は not only～but also ... 。

6 (1)「私は本を読むと，眠くなります」を「本を読むことは私を眠たくさせます」と言いかえる。〈make＋人など＋形容詞〉で「～を…(の状態)にする」を表す。

(2)〈keep＋目的語＋形容詞〉で「～を…(の状態)にしておく」。

(3) ✎ミス注意! 〈leave＋目的語＋形容詞〉で「～を…のままにしておく」。ここでの open は形容詞であることに注意する。

7 〈主語＋動詞＋目的語＋動詞の原形〉の形をとる動詞に let, make, help などがある。let は「～

が…するのを許す，～に…させてやる」，make は「～に…させる」，help は「～が…するのを手伝う」を意味する。(1)～(5)の意味はそれぞれ以下の通り。

(1)ケンの母親は彼をひとりで行かせました。

(2)彼らの両親は彼らが川で泳ぐのを許しました。

(3)私は彼にあとであなたへ電話させるつもりです。

(4)私たちは母が夕食を作るのを手伝います。

(5)だれがあなたに車を洗わせたのですか。主語をたずねる文では疑問詞のあとには動詞を置く。疑問詞が主語なので語順は肯定文と同じ。

8 (1)「～を…(の状態)にする」は〈make＋人など＋形容詞〉で表す。

(2)「～を…と呼ぶ」は〈call＋～(人など)＋...〉。疑問文は一般動詞の疑問文と同じように作る。

ポイント
- Let me ～. は「私に～させてください」と相手にお願いする表現。
- Let me know. は「知らせてください」。

p.18～p.19　予想問題

1 ア

2 イ

3 (1)call him　(2)made me　(3)making
(4)me do

4 (1)that　(2)good at
(3)As you know　(4)get rest
(5)It is difficult[hard]
(6)Wish me luck

5 (1)①sending　③see
(2)It made me laugh a lot.　(3)full of
(4)私はここ日本でバスケットボールがそんなに人気があるとは知りませんでした。

6 (1)The news made her very sad.
(2)Don't call me a little girl.
(3)My father didn't let me swim in the river.

7 (1)I will help him build a new house.
(2)The song made him famous.
(3)He made his sister cry.

解説

1 〈let＋人など＋動詞の原形〉は「～が…するのを許す」で，バスに乗ろうとしているアが正解。

♪ Eita goes to school by bike every day. But it was snowy yesterday. His mother let

him go to school by bus.

Q: How did Eita go to school yesterday?

訳 エイタは毎日，自転車で学校へ行きます。しかし，昨日は雪でした。彼のおかあさんは彼がバスで学校に行くようにさせました。

質問：エイタは昨日どうやって学校に行きましたか。

② 〈**call＋～（人など）＋...**〉は「～を…と呼ぶ」。「浴衣と呼ぶ」と言っているので，それの名前は「浴衣」。

♪ *A:* It's very nice. What is it, Yumi?

B: It's a kind of *kimono*. I often wear it in summer. People in Japan call it *yukata*.

Q: What does Yumi wear in summer?

訳 A：それはとてもすてきですね。それは何ですか，ユミ。

B：それは着物の一種です。私はしばしば夏にそれを着ます。日本の人々はそれを浴衣と呼んでいます。

質問：ユミは夏に何を着ますか。

③ (1)「～を…と呼ぶ」は〈call＋～（人など）＋...〉。「人など」に代名詞を置く場合は目的格にする。

(2)「～を…(の状態)にする」は〈make＋人など＋形容詞〉。元の文の動詞が過去形なので，make も過去形の made にする。

(3) ✕ミス注意！「あなたはなぜ悲しいのですか」を「何があなたを悲しくさせているのですか」と言いかえる。疑問詞が主語になる文。現在進行形の文なので making。

(4)「私の母は私に，『あの仕事をしなさい』と言いました」を「私の母は私にあの仕事をさせました」と言いかえる。

④ (1)感情を表す形容詞のあとに〈that＋主語＋動詞〉を置いて感情の原因や理由を表す。

⑤ (1)①前置詞のあとに動詞を置くときは動名詞（動詞の -ing 形）の形にする。

③「～するために」と動作の目的を表す不定詞の副詞的用法。動詞は原形。

(2) it(＝the comic book)を主語にし，〈make＋人など＋動詞の原形〉の形にする。

(4) ✕ミス注意！ basketball の直前の that が省略された形。basketball 以下を目的語として訳す。

時制の一致により basketball 以下も過去形になっているが，その部分は現在の文として訳す。

⑥ (3)〈**let＋人など＋動詞の原形**〉で「～が…するのを許す」。「私を」の目的格 me を補う。

⑦ (1)「～が…するのを手伝う」は，〈**help＋人など＋動詞の原形**〉で表す。

(2)〈make＋人など＋形容詞〉を使い，「その歌が彼を有名にしました」の文を作る。

(3)〈make＋人など＋動詞の原形〉を使う。

Reading 1 ～ Power-Up 2

p.21 テスト対策問題

① (1)忠実な (2)殺す (3)弱い，衰弱した
(4)傷つける (5)**poor** (6)**stood**

② (1)**no longer** (2)**lay down**
(3)**little by little** (4)**did, tricks**

③ (1)**If it's** (2)**are**

④ (1)**He is so kind that we like him very much.**
(2)**was so expensive that I couldn't buy it**

⑤ (1)**The box was too heavy for him to carry.**
(2)**This book is so difficult that I can't [cannot] read it.**

解説

② (2)lie は「横たわる」。lie down も同じ意味を表す。lie は不規則動詞で lie-lay-lain と活用する。

③ (1) ✕ミス注意！条件を表す if~ の文中では，未来のことでも現在形で表す。

④ (2)「あまりにも～すぎて…できない」，so ～ that ― can't ... は too ～ for ― to ... に書きかえ可能。

⑤ (1) ✕ミス注意！ too ～ for ― to ... の文に書きかえる。to のあとの動詞には目的語を置かない。書きかえるときに it をとるのを忘れない。

(2) ✕ミス注意！ so ～ that ― can't ... の文に書きかえる。that 以下の文の動詞には目的語として it(this book のこと)をつけ加える。

ポイント
・「あまりにも～なので…できない」は，so ～ that ― can't ... ＝ too ～ (for ―) to ... 。

1 エ

2 イ

3 (1)We will be happy if you come to the party.

(2)The book was too difficult for me to read.

(3)Shall we play soccer if you aren't busy?

4 (1)get worse　(2)get away

(3)had to　(4)with tears

5 (1)so, that, can't[cannot]

(2)too, for him to

6 (1)ジョンはあまりに賢かったので，よいジャガイモだけ食べました　(2)too, to

(3)they decided to stop giving him any food

7 (1)Shall we do our homework if you are at home tomorrow?

(2)She spoke so fast that I couldn't understand her.

(3)It was too hot for me to sleep yesterday.

8 (1)If you are tired, you should go to bed early.

(2)He was too busy to have lunch.[He was so busy that he couldn't have lunch.]

9 （例）　I'd like[I want] to return the camera. The lens was damaged.

解説

1 昨日買ったパソコンが動かないと言っているので，今いるのはエのパソコンショップ。

♪ *A:* May I help you?

B: Well, I bought a computer here yesterday, but it doesn't work. Can I exchange it?

A: I'm very sorry. May I look at the receipt and the computer, please?

B: Here you are.

A: Let me exchange it with a new one. Just a moment, please.

Q: Where is the woman now?

訳 A：いらっしゃいませ。

B：ええと，私は昨日，こちらでコンピュータを買いましたが，それが動きません。交換していただけますか。

A：それはたいへん申しわけありません。レシートとそのコンピュータを見せていただけますか。

B：どうぞ。

A：新しいものと交換させてください。少々お待ちください。

質問：女性は今どこにいますか。

2 too ～ for ― to ... は「―にとってあまりに～すぎて…できない」なので，イのマキはチョコレートを気に入らなかったという No の答えを選ぶ。

♪ *A:* This chocolate looks delicious. Let me try.

B: Sure. Here you are, Maki.

A: Oh, it's too bitter for me to eat.

Q: Did Maki like the chocolate?

訳 A：このチョコレートおいしそうですね。私にもください。

B：もちろん。どうぞ，マキ。

A：あら，私には苦すぎて食べられません。

質問：マキはそのチョコレートを気に入りましたか。

3 (1) ✓ミス注意! if を文中に置く場合，if の前にカンマは不要。

(2) ✓ミス注意! too ～ for ― to ... の文への書きかえ。主語を the book にし，元の文の主語 I を目的格にして，for のあとに置く。

(3)「もしあなたが忙しくなければ，サッカーをしましょうか」の文にする。

4 (1)〈get＋形容詞〉は「～の状態になる」。worse は bad(悪い)の比較級。get worse は「悪化する」。

(2)「逃げ出す」は get away。want to ～ は不定詞の名詞的用法で「～したい」。

(3)「～しなければならない」は 2 語で表すと have[has] to ～。過去形は had to ～。

5 (1)too ～ to ... は so ～ that ― can't ... とほぼ同じ意味。

(2) ✓ミス注意! so ～ that ― can't ... から too ～ for ― to ... の文への書きかえ。that 以下の文の主語を目的格の形にして for のあとに入れる。

6 (3)「～することを決める」は〈decide＋不定詞〉，「～することをやめる」は〈stop＋動名詞〉。

7 (1)選択肢にカンマがないので，if～の文は文の途中に入れると判断する。「いっしょに～し

ませんか」は Shall we ~?。

(2) ✔ミス注意! 選択肢より, so ~ that — can't ... の文。過去の文なので couldn't を補う。

8 (1) if~の文が文頭にくるときは, あとの文の前にカンマを入れる。「~すべき」は should で表す。

(2) ✔ミス注意! too~to ... または so~that — can't ... を使って表す。too~to ... を使う場合, 文の主語と to 以下の主語が同じときは for ―は不要。

9 「~したい」を6語で表すので I'd like to~ または I want to~ を使う。

PROGRAM 4 ～ Steps 3

p.26～p.27 テスト対策問題

1 イ

2 (1)デザインする (2)理解する, 実感する
(3)必要な (4)人口 (5)公式の, 正式の
(6)表現 (7)communicate
(8)activity (9)facial (10)worn

3 (1)No kidding (2)Which one
(3)What, mean (4)several times
(5)took part

4 (1)at a hotel standing near the sea
(2)Who is that singing boy?
(3)The girl speaking English is my friend.

5 (1)used(アメリカ手話は世界じゅうで広く使われている手話です。)
(2)According to (3)there are about half a million ASL users in the U.S.

6 (1)made (2)teaching (3)used
(4)broken (5)boiled

7 (1)can (2)doesn't have to (3)must be

8 (1)Is the woman reading a book under the tree your mother?
(2)The garden seen from here is beautiful.
(3)We didn't have to say anything.

✎解説

1 名詞をあとから修飾する現在分詞をしっかり聞き取ろう。

♪ I'm an animal living in Australia. I'm good at jumping. In Japan, I'm kept in the zoo. People often come to see me there.

What am I?

訳 私はオーストラリアにすんでいる動物です。私は跳ぶのが得意です。日本では私は動物園で飼われています。人々はしばしばそこに私を見に来ます。私は何でしょう。

3 (2)Which one~?は単数の答えを想定してたずねるときに使われる。

4 「~している…」と名詞を修飾するときは, 現在分詞を使う。現在分詞1語で修飾するときは名詞の前に, 2語以上で修飾するときは名詞のあとに置く。

5 (1)「~されている…」は過去分詞を使う。used 以下が a sign language を説明している。
(3)英語では,「50万」は「100万の半分」と表し, half a million。

6 「~されている[た]…」と名詞を修飾するときは, 過去分詞を使う。1語で修飾するときは, 名詞の前, 2語以上で修飾するときは, 名詞のあとに置く。
(1)「私は中国製のシャツを買いました」
(2)「彼らに理科を教えている男性はだれですか」
(3)「これは多くの人に使われているカメラです」
(4) ✔ミス注意!「あの壊れたドアを見てください。」,「壊されたドア」と考え, 過去分詞を使う。
(5)「私はゆで卵があまり好きではありません」, not~very は「あまり~でない」の意味。

7 (2)主語が三人称単数なので doesn't have to ~とする。
(3) ✔ミス注意! must は「~しなければならない」のほかに「~にちがいない」という強い推量の意味をもつ。助動詞のあとには動詞の原形がくるので, be 動詞の場合は原形 be を置く。

8 (1)「木の下で本を読んでいる」は現在分詞を使って表し, 主語の the woman の直後に置く。
(2)「ここから見える(見られる)」は過去分詞を使って表し, 主語の the garden のあとに置く。
(3)「~する必要はない」を表す don't have to ~を過去形にして使う。

▶ポイント◀
• 「~している…」と言うときは現在分詞,「~されている[た]…」と言うときは過去分詞を使って表す。

1 ウ

2 ア

3 (1)kinds of　(2)like to　(3)One of
　(4)Are, interested　(5)lasts for　(6)How, in

4 (1)living in　(2)held by Ted
　(3)listening to music　(4)written in

5 (1)using
　(2)手話で気持ちを伝え合うことはすばらしいにちがいありません。　(3)taught me

6 (1)Don't use a broken dish.
　(2)The present sent by him made me happy.
　(3)Who is the man waiting for a bus over there?
　(4)I like songs sung by American singers.

7 (1)Do you know the woman running with Mr. Tanaka?
　(2)I didn't have to buy a camera made in Japan.
　(3)English is the[a] language spoken by a lot of[many] people.

解説

1 the boy のあとに男の子の説明をする語句が続く後置修飾の形になっている。

♪　Look at the boy washing a car with his father. He looks very much like his father.

訳　おとうさんと車を洗っている少年を見てください。彼はおとうさんにとてもよく似ています。

2 don't have to~ は「~する必要はない」，may は「~してもよい」なのでジャックは今日外で遊ぶことが可能。

♪　*A:* Must I come home early today, Mom?
　B: No, you don't have to, Jack. You may play outside with your friends.
　Q: Can Jack play outside today?

訳　A：私は今日早く帰らなくてはなりませんか，おかあさん。
　B：いいえ，その必要はありません，ジャック。友人と外で遊んでもいいですよ。
　質問：ジャックは今日外で遊ぶことができますか。

3 (1) ✓ミス注意! kind を複数形にすること。
　(2)I'd は I would の短縮形。I'd like to ~. で「~したいと思う」。
　(4)「~に興味がある」は be interested in~。

4 (1)現在分詞を用いて「私にはロンドンに住んでいるおじがいます」の文を作る。
　(2)過去分詞を用いて「テッドによって開かれたパーティーはとてもわくわくしました」の文を作る。
　(3)現在分詞を用いて「音楽を聞いている少女はエイタの姉[妹]です」の文を作る。
　(4)過去分詞を用いて「私は英語で書かれた本が好きです」の文を作る。

5 (1)「彼女は手話を使っている女の子です」なので「~している」を表す現在分詞の形にする。
　(2) ✓ミス注意! must はここでは話し手の強い推量を表す「~にちがいない」の意味。
　(3)〈teach＋人＋もの〉で「~(人)に…(もの)を教える」。「人」→「もの」の語順に注意。「人」が代名詞のときは目的格の形にする。

6 (1)命令文なので主語は必要ない。you が不要。「割れたお皿」は「割られた(壊された)お皿」と考え，過去分詞を使用する。
　(2) ✓ミス注意! 中心となる文は「贈り物は私を幸せにしました」。まず，「~を…(の状態)にする」〈make＋人＋形容詞〉の形を使い The present made me happy. の文を作る。次に「彼から送られた」を過去分詞で表し，主語のあとに置く。
　(3)「向こうでバスを待っている」を〈現在分詞＋語句〉で表し「男性」のあとに置く。
　(4)「アメリカ人歌手が歌っている歌」を「アメリカ人歌手によって歌われている歌」と考える。

7 (1)まず，「あなたはその女性を知っていますか」の文を作る。次に「タナカさんといっしょに走っている」を現在分詞を使って表し，「女性」のあとに置く。
　(2)「~する必要はない」を表す don't have to ~ を過去形の didn't have to ~ にして使用する。また，「日本製の」は「日本で作られた」と考え，過去分詞を「カメラ」のあとに置く。
　(3)「多くの人によって話されている」を過去分詞で表し，「言語」のあとに置く。なお，a lot of は many でもよい。

p.32 ～ p.33 テスト対策問題

1 (1)イ (2)エ

2 (1)県 (2)囲む (3)消費する
(4)不当に, 不公平に (5)女性の (6)電子の
(7)add (8)perfect (9)dictionary
(10)neck

3 (1)made from (2)belongs to
(3)regarded, as (4)were forced to
(5)made us

4 (1)I have a friend who is a good singer.
（私にはじょうずな歌手である友人がいます。）
(2)The girl who is reading a book under the tree is Lucy.
（木の下で本を読んでいる少女はルーシーです。）

5 (1)I've found a good topic for our speech.
(2)Sounds interesting
(3)私たちのクラスにはチョコレートが大好きな生徒がたくさんいます。

6 (1)which (2)who (3)which

7 (1)That is the bus which goes to the station.
(2)The woman that wears a hat is Ken's mother.
(3)I received a letter that was written in English.

8 (1)which is sleeping on the chair is black
(2)a brother who works in Tokyo

解説

1 先行詞を説明している who または that 以下の文を正確に聞き取ろう。

♪(1) This is a person who works at the hospital and helps doctors.

(2) This is a person that cooks for a lot of people in the restaurant.

訳(1) こちらは病院で働き, 医師を助ける人です。

(2) こちらはレストランでたくさんの人々のために料理をする人です。

2 (9)複数形は y を i にかえて -es をつけて dictionaries。

3 (1) ミス注意! 「～からできている」と原料を表すときは be made from～, 「～でできている」と材料を表すときは be made of～ と表す。
(4) ミス注意! force は「強要する」。「～せざるを得ない」と言うときは受け身の形をとる。
(5)「～を…（の状態）にする」は〈make＋人など＋形容詞〉で表す。

4 先行詞を who 以下が説明する文にする。
(1)先行詞は a friend。
(2)先行詞は the girl。

5 (1)「（ちょうど）～したところです」は現在完了の完了用法。
(2)〈sound＋形容詞〉で「～のように聞こえる」。

6 (1)(3)先行詞が「もの」の関係代名詞は which。
(2)先行詞が「人」の関係代名詞は who。

7 (1) the bus を先行詞として, そのあとに関係代名詞, 動詞を続ける。
(2) the woman を先行詞として, そのあとに関係代名詞, 動詞, 目的語を続ける。
(3) a letter を先行詞として, そのあとに関係代名詞, 動詞を続ける。「英語で書かれた手紙」なので, 関係代名詞以下は受け身の形になる。

8 (1)先行詞が「もの」なので関係代名詞は which。関係代名詞以下は現在進行形で表す。
(2) ミス注意! a brother を先行詞として, そのあとに「東京で働いている」を関係代名詞を使った文で続ける。関係代名詞のあとの動詞は先行詞にあわせて三人称・単数・現在形にする。

ポイント
・主語の働きをする関係代名詞を主格という。
・先行詞が「人」のときは who,「もの・事がら」のときは which を使う。that は「人・もの・事がら」のどちらにも使える。

p.34 ～ p.35 予想問題

1 エ

2 イ

3 (1)On, other hand (2)In other words
(3)same time (4)sad to hear

4 (1)who is (2)which are used (3)which is

5 (1)あなたは広い[大きな]体育館がある学校を知っていますか。
(2)ブラウンさんと話している女性はだれですか。

6 (1)was made in

(2)それから1人のスイス人男性と彼の友人がチョコレートの風味を改善するために牛乳を加えました。

(3)enjoyed

(4)Let's find the countries which consume a lot of chocolate.

7 (1)I know a woman who is interested in American history.

(2)Do you live in a town which has many temples?

(3)Is the boy who was taken to the hospital Hiroki?

(4)Some novels that were written by him are popular.

8 (1)The teacher who is having lunch now is[comes] from Australia.

(2)Mr. Nakano is one of the teachers who teach us English.

(3)Do you know the song which was sung at the party?

解説

1 「もの・事がら，動物」を説明するときは**関係代名詞 which[that]** を使う。

♪ This is an animal which has a long neck and eats lots of leaves. What is it?

訳 これは長い首をもち，たくさんの葉を食べる動物です。それは何でしょう。

2 「人」を説明し，主語の働きをもつ**関係代名詞**は **who**。

♪ *A:* What do you want to be in the future, Makoto?

B: I want to be an English teacher who teaches well, so I study English hard every day.

A: That's great. I hope your dream will come true.

Q: Why does Makoto study English hard?

訳 A：あなたは将来何になりたいですか，マコト。

B：私はじょうずに教える英語の先生になりたいです。だから私は毎日一生懸命英語を勉強します。

A：すばらしいですね。あなたの夢がかなうといいですね。

質問：マコトはなぜ英語を一生懸命勉強していますか。

3 (2) ミス注意！ 「つまり，言いかえると」は **in other words**。word を複数形 words にすることを忘れない。

(4)「～して」と感情の原因を表す不定詞の副詞的用法。

4 (1)(2)分詞から関係代名詞への書きかえ。主格の関係代名詞のあとに動詞を続ける。

5 (1)関係代名詞以下が the school を説明。

(2)関係代名詞以下が the woman を説明。

6 (1)「1847年に」は前置詞 in で表す。

(2)to improve～は「～を改善するために」と目的を表す不定詞(副詞的用法)。

(3) ミス注意！ 「チョコレートは現在世界の至るところで楽しまれています」，受け身の文なので過去分詞の形にする。

(4)the countries を先行詞にして関係代名詞の文で説明する。

7 先行詞を見つけ，それを説明する関係代名詞の文を加える。

(1)先行詞は a woman。

(2) ミス注意！ 先行詞は a town。「お寺がたくさんある」は has を使って表す。is が不要。

(3)先行詞は the boy。「病院に連れてこられた」の部分は受け身の文にする。

(4)先行詞は some novels。he が不要。

8 (1)中心となる文は The teacher is[comes] from Australia. the teacher を先行詞にして，「今，昼食を食べている」を関係代名詞を使って表す。

(2) ミス注意！ 「～のうちの1人」は〈one of ＋名詞の複数形〉で表す。中心となる文は Mr. Nakano is one of the teachers.「私たちに英語を教えている」を関係代名詞を使って表し，先行詞 the teachers のあとに置く。先行詞が複数なので動詞は teach。

(3)中心となる文は Do you know the song? で，「そのパーティーで歌われた」を関係代名詞を使った受け身の文で表し，先行詞 the song のあとに置く。

1 (1)ア　(2)ウ

2 (1)全体の，全部の　(2)水面，表面
(3)地域，地方　(4)減らす　(5)人間
(6)企画，計画　(7)fat　(8)contain
(9)tiny　(10)throw

3 (1)amount of　(2)It is said
(3)Three years later　(4)three times

4 (1)Look at the bike which I bought last
year.(私が去年買った自転車を見てください。)
(2)Is this a cake which she made for
you?(これは彼女があなたのために作った
ケーキですか。)
(3)These are balls which he uses every
day.(これらは彼が毎日使うボールです。)

5 (1)The garbage patches are harmful
to sea animals.
(2)get caught in
(3)人間が捨てるプラスチックが毎年多くの
海の生物を殺しています。

6 (1)Those are the flowers that I grew.
(2)He is the writer that I saw at the
station.
(3)Who is the singer that you like the best?

7 (1)イ　(2)イ　(3)ア　(4)ウ

8 (1)That is the house which Jim built.
(2)The woman I met[seen] yesterday
was kind.

━━解説━━

1 (1)(2) something のあとの目的格の関係代名
詞が省略されている文。
♪(1)　This is something we use when it
rains.
(2)　This is something we use when it is
cold.
訳(1)　これは雨が降るときに使うものです。
(2)　これは寒いときに使うものです。

4 ミス注意!　2文目で代名詞に置きかえられて
いる1文目の名詞が先行詞となる。先行詞が「も
の・事がら」のときの目的格の関係代名詞は which
または that。先行詞のあとに2文目を入れる

とき，2文目の目的語をとるのを忘れない。

5 (2)「つかまえられる」は get caught。
(3) that は目的格の関係代名詞。that humans
throw away が The plastics を説明し，「人間
が捨てるプラスチック」の意味になる。

6 先行詞が「人・もの・事がら」のときの目的
格の関係代名詞は that。「もの・事がら」のと
きは which，that のどちらも使える。日本文
の中で名詞を説明している部分を見つけ，それ
を関係代名詞を使った英文にして先行詞のあと
に続ける。

7 目的格の関係代名詞は省略できる。目的格の
関係代名詞は先行詞と〈主語＋動詞〉の間に入る
ので，〈名詞＋主語＋動詞〉の語順になっている
ところをさがすと，省略されている関係代名詞
の位置がわかる。

8 (1)目的格の関係代名詞 which を使って「ジ
ムが建てた」が「家」を修飾する文を作る。
(2)先行詞は the woman。そのあとに目的格の
関係代名詞が省略された文を続ける。

ポイント
・目的語の働きをする関係代名詞を目的格と
いう。
・先行詞が「もの・事がら」のときは which，
「人・もの・事がら」のときは that を使う。

1 イ

2 イ

3 (1)throw away　(2)better than
(3)Some, that　(4)how to reduce

4 (1)which[that], teaches
(2)I like the best　(3)that, have

5 (1)×　(2)○　(3)×　(4)○　(5)×

6 (1)ボイヤンが発明した清掃システムは海
の中のプラスチックごみを集めます。
(2)without hurting
(3)Don't we all want a future that is
better than the present?　(4)must

7 (1)Is this the bike that you use every
day?
(2)Mr. Takeda is the teacher I like very
much.
(3)New York is a city I want to visit

someday.

(4)**The friend I saw in the park yesterday isn't Maki.**

⑧ (1)**This is the most interesting movie that I have ever seen[watched].**

(2)**Show me the pictures which[that] you took in Kyoto.**

(3)**Was the cake which[that] I made delicious[good / tasty]?**

✍解説

① 先行詞が「もの・事がら」のとき**目的格の関係代名詞は which か that** を使用する。ただし目的格の関係代名詞は省略されることが多い。

♪ Tom has a little cat. The cat which Tom found in the park is black and white.

Q: Where did Tom find his cat?

訳 トムは小さなネコを飼っています。トムが公園で見つけたそのネコは黒と白です。

質問：トムはどこで彼のネコを見つけましたか。

② B(＝店員)のことばの中の we have in our shop が先行詞 one を修飾している。one のあとの関係代名詞 that は省略されている。

♪ *A:* Excuse me. I'm looking for a new bag. Please show me some popular bags.

B: Sure. This is the most popular one we have in our shop. Here you are.

A: It's nice, but I want a bigger one.

Q: Did the girl like the bag which the shop clerk recommended?

訳 A：すみません。私は新しいかばんをさがしています。人気のあるかばんをいくつか見せてください。

B：もちろんです。こちらは店でもっとも人気があるものです。どうぞ。

A：すてきなのですが、私はもっと大きいものがほしいです。

質問：少女は店員が勧めたかばんを気に入りましたか。

③ (2)「～よりうまく」は well の比較級を使って better than～と表す。

(3)Some (people) が主語のとき、「～の人もいる」を意味する。

(4)「どのようにして～したらよいか、～の仕方」は how to～で表す。

④ (1) ✍ミス注意! 過去分詞を使った文「歴史はオガタ先生によって教えられている科目です」を目的格の関係代名詞を使った文「歴史はオガタ先生が教えている科目です」に書きかえる。先行詞が「もの」なので関係代名詞以下は which, that のどちらでもよい。関係代名詞の文の主語が三人称単数なので動詞を teaches にすることを忘れない。

(2)「私は夏がもっとも好きです」を目的格の関係代名詞を使って「夏は私がもっとも好きな季節です」に書きかえる。

(3) ✍ミス注意! 「私はそんな美しい山は見たことがありません」を「これは今まで私が見た中でもっとも美しい山です」に書きかえる。**先行詞の前に最上級，序数，all，every，the only** などの語がある場合，**関係代名詞は that を使う**ことが多い。

⑤ 目的格の関係代名詞は省略することができる。**目的格を使った文は〈名詞＋関係代名詞＋主語＋動詞〉の語順で，主格を使った文は〈名詞＋関係代名詞＋動詞〉**なので見分けることが大切。

⑥ (1)system と Boyan の間の目的格の関係代名詞が省略された文。Boyan invented が The cleanup system を修飾し，文の中心となる動詞は collects と考えて日本文にする。

(2)「～することなしに」は前置詞 without を使って表す。あとに動詞を置く場合は動名詞の形にする。

(3)「私たちは～しませんか」は Don't we ～? で表す。

(4)must は「～しなければならない」，may は「～してもよい」。ここでは「私たちは状況を改善しなければなりません」を意味するので must を選ぶ。

⑦ (1)目的格の関係代名詞を使って，「あなたが毎日使っている」が「自転車」を説明する形にする。

(2) ✍ミス注意! 先行詞は the teacher。目的格の関係代名詞が省略された文にする。

(3) ✍ミス注意! 中心となる文の動詞 is を加えて文を作る。目的格の関係代名詞は省略できるので追加しなくてよい。

(4) **♦ミス注意!** 先行詞が「人」で，目的格の関係代名詞は省略できるので which が不要。

8 (1)「今まで〜した中で」というときは現在完了の経験用法を使う。**先行詞に最上級や all，序数などが含まれている**とき，関係代名詞は **that** を使用することが多い。

(2)目的格の関係代名詞を使って「あなたが京都でとった」が「写真」を修飾する文を作る。関係代名詞以下の文の動詞を過去形にするのを忘れない。関係代名詞は which，that のどちらでもよい。

Steps 5 〜 Power-Up 4

p.43 テスト対策問題

1 エ

2 (1)すばらしい，優れた
(2)感情の，感情的な (3)説明 (4)南(の)
(5)east (6)grown

3 (1)not sure (2)all，time
(3)agreed with (4)both，and

4 (1)who is sleeping
(2)which was / which，wrote

5 (1)私は父が私にくれたかばんを使っています。
(2)向こうで写真をとっている男性はだれですか。

解説

1 過去分詞を使った説明を正確に聞き取ろう。

♪ *A:* What do you have in your hand, Judy?
B: I have some letters sent by my friend in America. His name is Bob. He is interested in Japanese culture, Eito.
Q: Who sent these letters?

訳 A：あなたは手に何を持っているのですか，ジュディ。
B：アメリカの友人から送られた手紙を持っています。彼の名前はボブです。彼は日本の文化に興味をもっているのです，エイト。
質問：だれがこれらの手紙を送りましたか。

3 (3)agree with 〜で「〜に賛成する」。
(4)both A and B で「A も B も両方」。

4 (1)「あなたは眠っている女の子を知っていますか」，主格の関係代名詞を使い，現在進行形で表す。

(2) **♦ミス注意!** 上の文は，主格の関係代名詞を使い，受け身の文にして「これは彼によって書かれた手紙です」とする。下の文は，目的格の関係代名詞を使い「これは彼が書いた手紙です」という文にする。どちらも動詞を過去形にする。

5 (1) that は目的格の関係代名詞。
(2)「〜している…」を表す現在分詞の後置修飾の形。

p.44 〜 p.45 予想問題

1 (1)ア (2)イ (3)エ

2 (1)wrote (2)called (3)standing
(4)makes[made] (5)using

3 (1)For example (2)What，about[of]
(3)attention (4)on，next to

4 (1)ア (2)ウ (3)イ (4)ア (5)イ (6)ウ

5 (1)たこ焼きは人々がしばしば食べるボールの形をした日本の軽食です。 (2)Let me
(3)Takozo is a local *takoyaki* shop everyone loves.
(4)タコゾウは戦争のあと，おなかをすかせた人々にたこ焼きを出しました。

6 (1)The girl dancing with Yumi is Kate.
(2)This is the man I saw there yesterday.
(3)The cat is the only animal that ate bananas.
(4)She was using the cup which I gave to her.

7 (1)The book that he bought was very difficult for me.
(2)What is the language used in Canada?

解説

1 分詞や関係代名詞を使って「〜している…」を表している部分を正確に聞き取る。

♪ (1) The man sitting on the bench is using his smartphone.
(2) The boy who is walking with his mother has a camera.
(3) The girl talking with her friend has long hair.

訳 (1) ベンチにすわっている男性はスマートフォンを使っています。
(2) おかあさんと歩いている男の子はカメラを持っています。

2 (1)目的格の関係代名詞が省略された文。「漱石が書いた本」なので過去形にする。
(2)「イチと呼ばれるイヌ」なので過去分詞に。
(3) ✏️ミス注意！「ドアのそばに<u>立っている男性</u>」なので現在分詞にする。
(4)「いつも私を悲しく<u>させる歌</u>」，which は主格の関係代名詞。先行詞は三人称単数の the song なので make を makes にする。
(5)現在分詞を使って「コンピュータを<u>使っている男性</u>」を表す。

3 (3)「注意を向けてください」の意味。

4 ✏️ミス注意！(1)現在分詞を使った後置修飾の形。
(2)「〜された」を表す過去分詞の後置修飾の形。
(3)目的格の関係代名詞が省略されている形。
(4)「広い庭のある家」を主格の関係代名詞を使って表しているものを選ぶ。
(5)主格の関係代名詞を用いて「英語を教えている先生」の文にする。先行詞が三人称単数なので，関係代名詞以下の動詞は teaches。
(6)**先行詞の前に最上級を表す語**があるときは，関係代名詞は **that** を使うことが多い。

5 (1) snack と people の間に目的格の関係代名詞が省略されている文。people 以下が snack を説明するように訳す。
(2)〈let＋人＋動詞の原形〉は「(人)が〜するのを許す」。Let me 〜. は「私に〜させてください」。
(3)目的格の関係代名詞が省略された文を作る。
(4) It は Takozo をさす。

6 (1) ✏️ミス注意！現在分詞を使い，「ユミと踊っている」が「少女」を修飾する文を作る。選択肢に who があるので主格の関係代名詞を使う文と間違えやすいが，関係代名詞の文では The girl who is dancing with Yumi is Kate. となり，is が不足するので，ここでは分詞を使い，who が不要。
(2)目的格の関係代名詞が省略された文を作る。
(3) ✏️ミス注意！ **先行詞の前に the only** があるときは**関係代名詞は that** を使うことが多い。
(4)目的格の関係代名詞を使って「私が彼女にあげた」が「カップ」を修飾する文を作る。

7 (1) ✏️ミス注意！中心となる文は「本は私にはと

ても難しかったです」。目的格の関係代名詞 that を使って「彼が買った」が主語「本」を修飾する文を作る。
(2)「カナダで使われている」が「言語」を修飾する文を作る。「何」かをたずねるので文頭には疑問詞 what を置く。

PROGRAM 7

p.48 〜 p.49 テスト対策問題

1 エ

2 (1)試験 (2)いろいろの，さまざまな
(3)能力 (4)選ぶ (5)患者 (6)信じられない
(7)quickly (8)suggest (9)deep
(10)enemy

3 (1)**had a break** (2)**clean up**
(3)**shake hands with** (4)**Nobody knows**

4 (1)**If I were free, I could help you.**
(2)**If I were him, I wouldn't do such a thing.**
(3)**If she were here, she would agree with me.**

5 (1)**What are you searching for**
(2)**which, to buy**
(3)もし私があなただったら，ロボット掃除機を買うだろうに。

6 (1)**knew** (2)**could** (3)**came**
(4)**couldn't**

7 (1)**I wish I lived in Hawaii.**
(2)**I wish I had the newest computer.**
(3)**I wish she were my teacher.**

8 (1)**I wish I were a princess.**
(2)**If I were younger, I could help you.**

📝解説

1 〈I wish＋主語＋(助)動詞の過去形〉の文は「〜ならいいのに」と**事実とは異なる願望**を表す。

♪ I'm Kaneko Maki. I live in Saitama. I can't speak English very well. I wish I lived in America.

訳 私はカネコマキです。私は埼玉に住んでいます。私はあまりうまく英語を話せません。アメリカに住んでいればいいのに。

4 「もし〜なら，…だろうに」と**現在の事実と**

異なることを仮定するときは〈If＋主語＋be 動詞の過去形，主語＋would［could］＋動詞の原形〉の形で表す。If の文中では，be 動詞は主語にかかわらず were を使うことが多い。

5 (2)「掃除機」は前の文に出ているので，2度目は one に置きかえられている。「どの掃除機を買えばよいか」を which one to buy で表す。
(3)仮定法過去の文，「もし～なら，…だろうに」。

6 「もし～すれば，…だろうに」と if～の文に一般動詞を含む場合は〈If＋主語＋一般動詞の過去形，主語＋would［could］＋動詞の原形〉の形で表す。

7 「～ならいいのに」は〈I wish＋主語＋(助)動詞の過去形〉で表す。
(3)I wish～. の文も be 動詞は主語にかかわらず were を使うことが多い。

8 (1) ✕ミス注意！〈I wish＋主語＋(助)動詞の過去形〉の形で文を作る。be 動詞は were を使う。
(2)〈If＋主語＋be 動詞の過去形，主語＋could＋動詞の原形〉の形を使う。「もっと若かったなら」を比較級を使って表すことがポイント。

ポイント
- 現在の事実と異なる仮定(仮定法過去)は〈If＋主語＋動詞の過去形，主語＋would［could］＋動詞の原形〉の形で表す。
- 現在の事実とは異なる願望は I wish ～. で表す。～で使う(助)動詞は過去形。

p.50 ～ p.51 予想問題

1 (1)ウ (2)ウ

2 イ

3 (1)searching for (2)By the way
(3)what to (4)On the other hand
(5)from now on

4 (1)If I were a student, I could join the tennis club.
(2)If I had one more bike, I could lend it to you.
(3)If I were there, I could enjoy the game.
(4)If I were young, I would go abroad to study.
(5)If I were her, I could do it well.

5 (1)AI は私たちの生活をより便利にします。

(2)Some people wish AI would do everything for them.
(3)③both ④and
(4)may, like, better, than
(5)more correctly

6 (1)If I knew his phone number, I could call him.
(2)If I weren't busy, I could write to her.
(3)If she had time, she would make a cake.

7 (1)I wish I could run faster.
(2)If I were hungry, I could eat all of them.
(3)If they practiced harder, they would win the game.

解説

1 (1)すべて仮定法過去の文。兄に宿題を手伝ってもらう絵なのでウが正解。
(2)アは条件を表す if の文。ウは「～だったらなあ」と現実とは異なる願望を表す表現。

♪ (1)ア If I had a brother, I would play with him.
イ If I were my brother, I could play tennis very well.
ウ If I had a brother, he would help me do my homework.
(2)ア If I have time to go shopping, I will buy the coat.
イ If I had enough money, I could buy another coat.
ウ I wish I had enough money.

訳 (1)ア もし私に兄がいたら，彼といっしょに遊ぶのに。
イ もし私が兄だったら，テニスをとてもじょうずにできるだろうに。
ウ もし私に兄がいたら，彼が私の宿題を手伝ってくれるのに。
(2)ア もし買い物に行く時間があれば，私はそのコートを買うつもりです。
イ もし十分なお金があったら，別のコートを買えるだろうに。
ウ 十分なお金があればなあ。

② 仮定法過去の if ～の部分は，現実と異なる。

♪ *A*: Hi, Aki. You look tired. What's up?
　B: Mike, I'm so busy. I have a lot of things to do.
　A: If I had a robot, I would give it to you to help you.
　Q: Does Mike have a robot?

訳 Ａ：やあ，アキ。あなたは疲れているように見えます。どうしたの。
　Ｂ：マイク，私はとても忙しいです。私はやるべきことがとても多いのです。
　Ａ：もし私がロボットを持っていたら，あなたを助けるためにそれをあげるのに。
　質問：マイクはロボットを持っていますか。

③ (1)現在進行形の文。
　(3)〈what＋to＋動詞の原形〉は「何を～すべきか」。

④ (1)「もし私が生徒なら，テニス部に入れるのに」の文を作る。
　(2)「もしもう１つ自転車を持っていれば，あなたに貸してあげられるのに」の文を作る。
　(3)「もし私がそこにいれば，その試合を楽しめるのに」の文を作る。
　(4)「もし私が若ければ，外国に勉強しに行くのに」の文を作る。
　(5)「もし私が彼女だったら，もっとじょうずにそれをできるのに」の文を作る。

⑤ (1)〈make＋人など＋形容詞〉は「～を…(の状態)にする」。
　(2)「～する人もいる」は some～を使うので，some people を主語にした文を作る。
　(3)「ＡとＢの両方」は both A and B。
　(4) ミス注意！「～かもしれない」は may，「～のような」は like ～，「もっとじょうずに」は well の比較級 better。
　(5)あとに than があるので比較級にする。

⑥ 「もし～なら[すれば]…だろうに」は〈If＋主語＋動詞の過去形，主語＋would[could]＋動詞の原形〉の形で表す。

⑦ (1)〈I wish＋主語＋(助)動詞の過去形〉で表す。
　(2)仮定法過去の文に be 動詞を使うときは主語の人称や数にかかわらず were を使う。
　(3)「もっと一生懸命」は比較級を使って表す。

Reading 2

p.53 テスト対策問題

① (1)解決策　(2)自由　(3)みじめな
　(4)ただちに，すぐに　(5)回復する
　(6)沈黙した，静かな　(7)effective
　(8)group　(9)hide　(10)opinion

② (1)was born　(2)were moved by
　(3)instead of　(4)Let me go

③ (1)What do they call that flower?
　(2)The news made her sad.
　(3)Did the book make him famous?

④ (1)written in　(2)living in　(3)to be

解説

② (1)(2) ミス注意！「生まれる」は be born。「感動する」は be moved。受け身の形で表す。
　(4)〈let＋人＋動詞の原形〉は「～が…するのを許す」。「(私に)～させてください」は let me～。

③ (1)「～を…と呼ぶ」は〈call＋～(人など)＋…〉。
　(2)(3)「～を…(の状態)にする」は〈make＋～(人など)＋形容詞〉。

④ (1)過去分詞の後置修飾の形に書きかえる。
　(2)現在分詞の後置修飾の形に書きかえる。
　(3)「彼女は医師になるという夢をもっています」に書きかえる。名詞のあとに不定詞を置いて「～という」と名詞を説明することができる。

ポイント
　• 不定詞が名詞を修飾するとき「～のための，～すべき」のほかに「～という」の意味もある。

p.54 ～ p.55 予想問題

① ウ
② ウ
③ (1)made　(2)running　(3)read　(4)named
④ (1)can never　(2)kept singing
　(3)Ever since　(4)to speak out
⑤ (1)What, in / it　(2)make / did
　(3)to go[travel]
⑥ (1)The attack on Malala became big news throughout the world.
　(2)②taken　③stronger
　(3)全世界が沈黙しているとき，１つの声でさえ強力になります
　(4)The Nobel Peace Prize was.

7 (1)I am looking for someone to teach me English.

(2)Do you know the man standing by the door?

(3)Washing the car makes my father tired.

8 (1)Do you have a dream to be a doctor?

(2)The mountain seen from here is beautiful.

解説

1 selling 以下が shop の説明をしている。

♪ I often buy something in this shop. This is a shop selling fruit and vegetables.

訳 私はしばしばこの店で買い物をします。これは果物と野菜を売っている店です。

2 Who made～? にあわせた形で答えるので，did を使ったウが適切。

♪ A: Why are you angry? What's up, Miho?

B: My brother Kei broke my favorite cup.

A: That's terrible.

Q: Who made Miho angry?

訳 A：あなたはなぜ怒っているのですか。何かあったのですか，ミホ。

B：弟のケイが私のお気に入りのカップを壊したのです。

A：それはひどい。

質問：だれがミホを怒らせたのですか。

3 (3)read の過去分詞は read。発音はかわるがつづりはかわらない。

4 (1) 【ミス注意!】 never は「けっして～ない」という強い否定の意味をもつ。肯定文で使う。

5 (1)「日本語ではこの鳥を何と呼んでいますか」「私たちはそれを白鳥と呼んでいます」

(2)「その演技は彼女を驚かせましたか」「はい」

(3)「あなたは夏休みに何をするつもりですか」「私には外国へ行く計画があります」

6 (2)②受け身の文，③あとに than があるので比較級にする。

7 (3)washing the car を主語にし，〈make＋～（人など）＋形容詞〉の文を作る。動名詞は三人称単数の扱い。

8 (2)7語の指定があるので，the mountain を過去分詞を使ってあとから説明する文を作る。

Special Project ～ Further Reading 1

p.57 テスト対策問題

1 (1)勝利 (2)ばかばかしい，ばかげた

(3)奇抜な，ありそうにもない (4)聴衆，観客

(5)好奇心 (6)驚いたことに，意外にも

(7)spent (8)given (9)kindness

(10)increase

2 (1)at the end (2)In other words

(3)in, recent past

3 (1)It is exciting for them to go cycling.

(2)It isn't easy for him to play the piano.

4 (1)Let's ask him where to read books.

(2)Lisa didn't know what to say to him.

5 (1)him come here (2)me call (3)Let

(4)him carry (5)Let me

解説

2 (2)「言いかえれば」は in other words。words と複数形にする。

3 「(人)が…するのは～である」は〈It is ～ for＋人＋to ....〉で表す。

4 〈疑問詞＋to＋動詞の原形〉はひとまとまりで know や tell などの動詞の目的語になる。where to ～は「どこで～するべきか」，what to ～で「何を～するべきか」。

5 〈make［let / help］＋人など＋動詞の原形〉の形で「～に…させる［～が…するのを許す / ～が…するのを手伝う］」を表す。「人など」に代名詞が入るときは目的格の形にする。

p.58 ～ p.59 予想問題

1 エ

2 エ

3 (1)in a row (2)how much money

(3)On the other hand

(4)Have, ever heard

4 (1)To write (2)how to play

(3)don't have to

5 (1)what to (2)Let

6 (1)①is ②with

(2)look smaller when

(3)It is called *matanozoki* in Japanese.

7 (1)It is possible for you to do this work in a week.

18

(2)**tell me where to go next**

(3)**Could you help me cook dinner?**

(4)**It is a lot of fun for me to learn Chinese.**

8 (1)**It is not easy for him to be[become] a soccer player.**

(2)**My mother didn't let me go shopping with my friend(s).**

(3)**Does she know when to leave home?**

解説

1 〈make＋人＋動詞の原形〉は「～に…させる」。

♪ My mother was very busy today, so she made me clean the living room and wash the dishes.

訳 母は今日とても忙しかったです。そこで彼女は私に居間の掃除と皿洗いをさせました。

2 〈how to＋動詞の原形〉は「～の仕方，どうやって～すればよいか」。

♪ *A:* I have never been to *Senso-ji*, so I don't know how to go there. Have you ever been there, Keita?

B: Yes. I'll tell you how to go there, Meg.

A: Thank you.

Q: Who knows how to go to *Senso-ji*?

訳 A：私は浅草寺に行ったことが一度もありません。だから私はそこへの行き方がわかりません。あなたはこれまでにそこへ行ったことがありますか，ケイタ。

B：あります。私がそこへの行き方を教えてあげますよ，メグ。

A：ありがとう。

質問：だれが浅草寺への行き方を知っていますか。

3 (2)〈疑問詞＋主語＋動詞〉が動詞のあとに続く文。how much money をひとかたまりで疑問詞と考える。

(4)現在完了の経験用法で表す。

4 (1)意味上の主語を文頭に出す形に書きかえる。

(2)「私はギターのひき方がわかりません」とする。

(3)「あなたは今日昼食を作る必要はありません」とする。

5 (1)「あなたは妹さんに何を買うか決めましたか」とたずねる文にする。

(2)「考えさせてください」は命令文の形で Let me think. とする。

6 (1)どちらも受け身の文。② **be filled with** ～で「～で満たされている」。

(3) ⚡ミス注意! it は前の文で述べられている具体的な行動をさす。

7 (1)(4)「－にとって…することは～である」は〈It is ～for － to ....〉の文を使う。(4)は is を補う。

(2)where を補い，where to go の形にする。

(3) ⚡ミス注意! help を補い，「…が～するのを手伝う」を表す〈help＋人＋動詞の原形〉の形にする。

8 (1)〈It is ～for － to ....〉を否定文にする。

(2)〈let＋人＋動詞の原形〉を否定文にする。

Further Reading 2

p.61 テスト対策問題

1 (1)百科事典 (2)近所，近隣

(3)確かに，必ず (4)つま先，足の指

(5)気づく (6)飛び込む (7)**promise**

(8)**meant** (9)**might** (10)**softly**

2 (1)**as well as** (2)**tugged on**

(3)**turned around** (4)**get along**

3 (1)**Could the doctor understand the book?**

(2)**If you were his mother, what would you tell him?**

4 (1)**If he had the bag, he would be laughed at.**

(2)**I'm proud of being selected as a leader.**

5 (1)**I eat dinner** (2)**got** (3)**doing**

解説

2 (1)**as～as ... can** で「…ができるだけ～」。～には副詞の原級が入る。

(2)tug の過去形は g を重ねて -ed をつける。

3 (1) ⚡ミス注意! if ～の文ではないが助動詞の過去形を使って事実とは異なる仮定を表している文。「その医師ならその本を理解できるだろうに」。疑問文は助動詞を文頭に出す。

(2)仮定法過去の文。will を would にかえる。

4 (1) ⚡ミス注意! 仮定法過去の文の中に受け身の文が入る形。**助動詞のあとに受け身の形を置くときは〈助動詞＋be＋過去分詞〉で表す。**助動

詞のあとの be を忘れないこと。

(2) 〔ミス注意！〕 「～を誇りに思う」は be proud of ～。前置詞のあとに受け身の形を置くときは〈前置詞＋being＋過去分詞〉の形にする。

5 (1)(2)接続詞のあとは〈主語＋動詞〉の形が続く。

p.62～p.63　予想問題

1 エ

2 ウ

3 (1)as well　(2)got used to getting
(3)didn't, either　(4)after all　(5)go call

4 (1)Many stars can be seen here at night.
(2)A new bridge will be built next month.

5 (1)haven't seen, since　(2)what would

6 (1)will have to　(2)to
(3)would certainly be allowed to come back for

7 (1)If you were free, where would you go with her?
(2)I'm afraid of being blamed by somebody.
(3)I have to go home before it gets dark.
(4)come to see me while you are staying in Tokyo

8 (1)I read a book before I go to bed.
(2)I don't like being called Masa.〔I don't like to be called Masa.〕

解説

1 doesn't like being barked は「ほえられるのが好きではない」なので**エ**が正解。

♪ I'm Rika. My family is father, mother, little brother Eiji, and a dog Koko. My brother likes Koko. But he doesn't like being barked by Koko.

訳 私はリカです。私の家族は父，母，弟のエイジ，そしてイヌのココです。弟はココが好きです。しかし，彼はココにほえられるのは好きではありません。

2 If～の文も I wish の文も現実とは異なることを仮定している。仮定法過去の文では動詞，助動詞は過去形を使用する。

♪ A: If I were a bird, I would fly to my school. Because it is very far from my house. How about you, Bob?

B: I would fly to Hakodate. Because my father works and lives there. I wish I could talk with him every day.

Q: If Bob were a bird, where would he fly to?

訳 A：もし私が鳥だったら，私は学校まで飛んで行くのに。なぜなら，私の学校はとても遠いからです。あなたはどうですか，ボブ。

B：私は函館へ飛んで行くだろうに。なぜなら，私の父がそこで働いて住んでいるからです。毎日父と話せたらいいのに。

質問：もし鳥だったら，ボブはどこへ飛んで行くでしょうか。

3 (1)「～したほうがよい」は might as well ～。
(5)〈go＋動詞の原形〉は go and ～の and を省略した形。会話文で使われることが多い。

4 助動詞のあとに受け身の形を置くときは〈助動詞＋be＋過去分詞〉の形にする。

5 (1)「最近彼女に会っていますか」「いいえ。彼女が引っ越して以来会っていません」，継続を表す現在完了の否定文に。
(2)「もしあなたがお金持ちだったら，何をするでしょうか」「プールつきの家を買うでしょう」

6 (1)条件を表す if の文。
(2)不定詞の名詞的用法。
(3)if の文のない仮定法過去の用法。主語に「もし～なら」の意味が含まれている。

7 (2)「～を恐れる」は be afraid of ～。**前置詞のあとに受け身の形を置くときは〈being＋過去分詞〉の形にする。**
(3) 〔ミス注意！〕 ここでの before は接続詞。あとに〈主語＋動詞〉を置く。
(4) 〔ミス注意！〕 「～の間に」を意味し，接続詞として使えるのは while。during が不要。

8 (1)語数の指定に合わせて，before を接続詞として使用する。
(2) 〔ミス注意！〕 like の目的語を不定詞または動名詞を使って受け身の形で表す。不定詞の場合は**〈to be＋過去分詞〉**，動名詞の場合は**〈being＋過去分詞〉**。